관계 기반 발달 중재 프로그램

RT 반응성 교수

실행 지침서

Gerald Mahoney, Frida Perales 공저 | **김정미** 편역

RESPONSIVE TEACHING

Relationship-Based Development Intervention

학지사

Responsive Teaching: Relationship Based Developmental Intervention
Volume 1: Rationale and Intervention Procedures
by Gerald Mahoney PhD and Frida Perales PhD

역자 서문

마호니(G. Mahoney) 교수의 40년 넘는 RT 연구를 통해 구성된 RT(Responsive Teaching, 반응성 교수법)는 진정한 '관계 기반 발달 중재 프로그램'을 구현하고 있다. 2000년 역자가 처음 마호니 교수를 알고 RT를 접한 지도 20년이 넘었다. 마호니 교수의 RT 프로그램은 구성주의 학습관점을 기반으로 이론적 개요에서부터 구체적인 'how to'까지 체계적 구성 틀을 가지고 설명하고 있다. 철학적 근거를 이론과 실제로 그대로 표현하고 있다는 것이 큰 장점이다. 그리고 아동 중심 학습관점을 배경으로 체계적 구성 틀을 가지고 활용할 수 있는 형식을 갖춘 메뉴들이 있어서 명확한 관찰과 기록이 가능하며 이는 또한 근거 기반을 제공할 수 있다. 무엇보다 영유아 발달의 근본적인 기초 역량으로서 발달 영역별 '중심축 행동(pivotal behavior)'을 15개로 구성하고 설명하고 있다는 것은 영유아 발달 이론에서 중요한 이정표적 업적이라고 생각한다. 발달 중재를 위한 매뉴얼로서 RT를 왜 'curriculum'이라고 했는지 새삼 깨닫게 한다. 처음 한국에 RT를 소개할 때는 주로 치료 분야에 종사하는 치료사들이 RT를 사용했었다. 그러나 지금은 보육교사, 특수교육 교사, 부모교육 전문가들이 RT를 알고 적용하고 있다. 특히 한국에서는 2019년 누리과정 개편과 2020년 표준보육과정 지침 개편으로 놀이 중심 · 아동 중심 영유아교육을 더욱 강조하면서 영유아 교사들에게 아동 중심 접근의 이해를 돕고 있다.

역자는 지난 20여 년간 한국에서 RT를 가르치고 마호니 교수의 승인 아래 국제 RTI 전문가들을 양성하면서, 마호니 교수가 본 프로그램을 개발하고 구성하는 데 가진 철학을 위배하지 않으면서 한국에 적합한 적용이 되도록 애써 왔다고 자부한다. 자칫하면 현지 적용이라는 것이 왜곡될 수도 있기에 조심하였고, 원리에서 벗어나지 않고자 스스로 사정하였다.

마호니 교수는 현지 언어로 RT를 이해하고 배워야 한다고 주장하기 때문에 주관하여 국제 자격을 운영하지 않고 자국어로 교육과정을 운영하도록 하고 있다. RT 발달중재사는 현장 전문가가 배워서 익히고 실행하는 것이기 때문에 더욱 깊이 있는 이해를 위해서는 단지 언어적 해석보다는 깊이 있는 통찰을 가지는 것이 중요하다고 생각한 것 같다. 이에 역자를 믿고 한국에서 RT 전문가를 양성하도록 허락해 주신 것에 늘 감사한 마음이다.

이 책은 마호니와 페럴레스(Mahoney & Perales)가 2019년에 출간한 『Responsive Teaching: Relationship-Based Developmental Intervention』의 편역 출판서이다. 이번 버전은 마호니와 맥도널드(Mahoney & MacDonald)가 2007년 출간한 『RT 반응성 교수 교육과정(Autism and Developmental Delays in Young Children)』의 개정판으로서 RT 중재 계획 시 혼란스러웠던 RT 전략 수행의 절차를 단계화하였다는 데 특징이 있다. 그러나 역자는 『Responsive Teaching: Relationship-Based Developmental Intervention』을 번역하면서, 한국에서는 2007년 버전의 『RT 반응성 교수 교육과정』(2008; 2021)은 'RT 이론서'로서 그대로 고수하고, 그리고 이번 2019년 버전의 『Responsive Teaching: Relationship-Based Developmental Intervention』을 『RT 반응성 교수 실행 지침서』(2023)로서 그간 20여 년간 국내에 적용해 오며 얻은 검증 결과를 추가하여 편역으로 구성하였다.

『Responsive Teaching: Relationship-Based Developmental Intervention』(2019)의 목차는 '1. 소개' '2. RT의 부모와 전문가의 역할' '3. RT 교육과정 구조' '4. 아동의 인지 발달 촉진' '5. 아동의 의사소통 발달 촉진' '6. 아동의 사회정서 발달 촉진' '7. RT 실행'으로 구성되었다. 주목할 것은 4장, 5장, 6장에 각 발달 영역별 중심축 행동 목표 수행을 위한 RT 전략과 논의점을 수준별 3단계 절차로 구성하여 제시한 점이다. 이는 그간 RT 발달중재사들이 RT 중재를 수행하면서 가져왔던 '이번 회기에는 어떤 전략을 제시할지' '무엇을 먼저 하는 것이 좋을지'에 대한 고민을 해결하고 해안 있는 중재 설계를 하는 데 도움을 줄 것이다.

한편, 2023년 한국판에서는 제목을 'RT 반응성 교수 실행 지침서'로 편역하였고, 『RT 반응성 교수 교육과정』(2008)과 중복된 부분은 삭제하고 개정된 내용을 중심으로 구성하였다. 구체적인 목차로는 '1장 RT 개요' '2장 RT 프로그램 구성' '3장 인지 영역의 RT 중재 회기 계획' '4장 의사소통 영역의 RT 중재 회기 계획' '5장 사회정서 영역의 RT 중재 회기 계획' '6장 RT 중재 실행'으로 구성하였다. 특이 사항은 1장에서 『RT 반응성 교수 교육과정』(2008)과 중복된 내용은 삭제하고 'RT의 이론적 배경'을 추가하였다. 3장, 4장, 5장의 각 발달 영역별 중재 회기 계획은 지금까지 RT 발달중재사들이 사용해 온 체계와 용어의 혼란을 최소화하기 위해 『RT 반응성 교수 교육과정』(2008)에서 사용한 RT 전략 번호와 메뉴 체계를 부가하여 제시하였다. 그리고 6장에서는 그동안 한국에서 적용해 오며 검증된 RT 중재의 중심축 행동 수행 절차 3단계를 추가하였다. 이 책은 RT 발달중재사들이 RT 중재를 적용할 때 영유아 발달에 있어서 중심축 행동 목표의 중요성을 인식하는 데 중점을 두었다. 따라서 영유아 발달 성취를 위한 근본적 행동으로서 중심축 행동을 큰 목표로서 계획하고 실행 방법으로서 개별적으로 매 회기 수행하는 RT 전략과 논의점을 단계별로 선정하고 진행하는 데 유용한 실행 지침서로 활용될 것이다.

늘 느끼지만 마호니 교수는 한국에서 RT 중재를 진행하고 전하는 데 있어서 지원을 아끼지 않는다. 영유아 발달을 위해 RT 프로그램을 체계적으로 정립하고 지속적인 연구와 검증을 제공해 주는 마호니 교수에게 다시 한 번 감사와 존경을 전한다. 그리고 RT 프로그램을 영유아 발달의 해법으로 선택하고 함께 적용하고 산 검증을 제공해 주는 전국의 RT 발달중재사, 어린이집 원장과 보육교사, 그리고 영유아 부모에게 가슴으로 감사함을 전한다.

역자도 RT를 선택한 자 중의 하나이다. 발달심리 전공자이자 영유아 발달 연구자로서 그리고 두 아이를 둔 엄마로서, RT 연구와 적용 경험을 통해 얻은 인식은 우리 아이들의 발달, 최선의 잠재 역량의 발현, 성공적인 성취 그리고 적응적인 건강한 인간으로의 성장을 위해서 RT는 시작이 되어야 한다는 확신을 가진다. 그리고 영유아 부모나 교사 모두 이러한 인식의 경험을 나누기를 소망한다.

끝으로, 이 책을 출판 · 기획하는 데 있어서 서슴지 않고 지원해 준 학지사 김진환 사장님, 완성도 있는 결과물을 위해 애쓰고 저자의 의견을 기꺼이 수렴해 준 편집부 김순호 이사님, 그리고 편역으로 출판하면서 다소 복잡한 개정과 역자의 까다로운 교정에도 많은 시간을 들여 꼼꼼히 읽어 주고 의견을 함께해 준 편집부 유은정 과장에게 감사의 말을 전한다.

2023년 10월

김정미 올림

저자 서문

'RT(Responsive Teaching, 반응성 교수법)'는 관계 기반 발달 중재 프로그램으로서 발달장애나 그 위험이 있는 아동과 부모를 대상으로 조기 중재와 아동 정신건강 서비스를 제공하는 전문인력을 위해 개발되었다. 전문인력에는 아동발달 전문가, 유아 및 특수 교육 교사, 아동 심리학자, 사회복지사, 언어 병리 전공자 등이 포함될 수 있다.

RT 프로그램은 미국 교육부 특수교육지원청의 연구 후원을 통해 1984년부터 개발이 진행되어 왔다. RT 프로그램의 첫 번째 공식 출판은 '영유아의 자폐증과 발달 지연: 부모와 전문가를 위한 반응성 교수 교육과정(Autism and Developmental Delays in Young Children: The Responsive Teaching Curriculum for Parents and Professionals)'(Mahoney & MacDonald, 2007)이라는 제목으로 2007년 출간되었다. 그러나 이전에도 미국과 캐나다 전역에서 'TRIP(Transactional Intervention Program)'와 'FCC(Family Child Curriculum)'라는 제목으로 미출판된 두 개의 버전이 발표되어 사용되어 왔다.

이번 2019년 버전은 RT의 활용성을 향상시키는 데 초점을 두고 개정하게 되었다. 개정의 주안점은 다음과 같다.

1. 중재 회기 계획 절차를 간편화하였다.

2007년 버전의 RT는 중재 회기 계획을 수립하기 위해 메뉴 기반(menu-based) 체계를 강조하였다. 예를 들면, RT 프로그램에서는 아동이 중재 목표를 획득할 수 있도록 중재자가 부모를 교육하는 데 사용할 수 있는 8~10개의 반응성 상호작용 전략과 8~10개의 논의점을 제공하였다. 그리고 계획한 중재 목표가 아동의 발달 향상에 어떻게 도움이 되는지 부모에게 설명하는 데 사용하도록 하였다. RT 중재사는 중재 회기 계획안을 작성할 때 이러한 메뉴에서 1~2개의 반응성 상호작용 전략과 1~2개의 논의점을 선택한다.

2019년 개정을 위해 RT 중재사들이 수행한 150개 이상의 RT 중재 회기를 검토한 결과, 이러한 계획 절차가 종종 비논리적이고 서열화가 제대로 이루어지지 않아 회기 계획을 세우는 데 혼란을 야기한다는 것을 발견하였다. 중재사가 중재 회기 계획을 설계하는 데 있어서 상당히 유용한 정보를 제공하기는 하지만, 때로는 반응성 상호작용 전략과 연관된 논의점을 찾는 데 어려움을 겪고 아동발달을 개선시키는 데 적합한 방식으로 서열화하지 못할 수 있다는 것을 발견하였다.

저자는 선행연구를 통해 RT 중재사가 아동의 발달적 요구를 해결하고 부모의 반응성을 더욱 효과적으로 증진시키는 방식으로서 RT 중재 효과를 검증해 왔다. 그리고 현장에서 보다 응집력 있게 단계적으로 접근할 수 있는 RT 회기 계획의 필요성을 인식하고 이번 개정을 위해 지난 5년간 연구를 실시하게 되었다. 그 결과, 전문가들이 각 RT 중재 목표들을 해결하는 데 사용할 수 있는 구조화된 일련의 RT 중재 회기 계획 형식을 개발하였다.

그리고 이 새로운 버전의 RT 중재 회기 계획 형식을 사우디아라비아에서 검증하였다. 대상은 장애 아동을 대상으로 치료나 중재 경험이 있지만, 부모 매개 조기 중재 서비스에 대한 공식적인 교육을 받지 않은 RT 중재사들이었다. 그 결과, 이번에 개정한 구조적으로 서열화된 RT 중재 회기 계획 형식은 일반 RT 중재사들이 사용하기에 훨씬 더 용이한 방식임을 검증하였다.

실제로 개정된 RT 중재 회기 계획을 6개월간 적용한 결과, ① 아동과 부모의 상호작용, ② 아동의 언어와 사회성 발달 및 ③ 부모의 스트레스와 우울에 대하여 매우 유의미한 중재 효과를 보여 주었다.

2. RT는 일상에서 사용되도록 설계되었고, 개별화 교육 프로그램(IEP) 또는 개별화 가족 서비스 프로그램(IFSP) 지침과 규정을 준수하도록 설계되었다.

많은 국가에서 수행하고 있는 조기 중재 서비스는 일상에서 개별화 가족 서비스 계획

(IFSP) 또는 개별화 교육 계획(IEP)의 요구 사항을 준수하도록 요구한다.

RT가 부모들이 가정에서 일상 중 아동과 함께 수행할 수 있는 중재라는 것은 명백하지만, 저자가 의도했던 실천적인 지침들을 제공하는 데 부족함이 있었다고 생각된다. 따라서 이번 2019년 개정 RT 프로그램에서는 RT가 일상에서 어떻게 구현되어야 하는지를 보여 주는 절차, 지침 및 예시를 제공하였다. 또한 RT 전문가 워크숍을 실시할 때, 영유아 교사들이 흔히 하는 공통적인 질문은 RT 프로그램이 어떻게 IEP와 IFSP의 요구 사항을 준수하는지에 관한 것이었다. 이에 이번 개정에서는 개별화 계획의 각 필수 요소들을 좀 더 명확히 하였다.

1. 중재 목적(goals)
2. 중재 목표(objectives)
3. 중재 절차
4. 중재 목표의 진행 상황 평가 기준
5. 중재 목적의 진행 상황 평가 절차

또한 조기 중재 모형에서는 개별화 중재 계획이 아동발달에 관한 부모의 고민 사항을 반영하도록 요구하고 있다. 2019년 버전에서는 아동발달에 대한 부모의 걱정들이 RT 교육과정에 기술된 목적과 목표로 어떻게 변환될 수 있는지 예시를 제공하도록 하였다.

3. RT 효과를 뒷받침하는 부가적인 검증 연구 결과를 제공하였다.

정부 및 일반 기관에서 조기 중재 서비스 프로그램을 채택하거나 권고하는 주요 기준 중 하나는 이러한 중재가 검증할 수 있는 경험적 근거가 있느냐는 것이다.

RT는 다른 조기 중재 교육과정보다 많은 효과 검증을 보고하고 있다. 이러한 연구의 결과에서는 아동의 인지, 의사소통, 사회정서 기능뿐만 아니라 부모와 자녀 간의 상호작용에 미치는 영향과 관련하여 RT가 매우 일관된 결과를 도출하고 있다는 것을 보여 주고 있다.

대표적으로 4개 국가에서 다운증후군, 자폐스펙트럼장애 등 다양한 발달장애를 가진 아동을 대상으로 실시되었다. 이와 같은 RT 검증 연구 결과는 다음 두 가지 측면에서 차별성을 가진다.

첫째, RT는 부모의 양육 스트레스와 우울을 줄이는 데 긍정적인 영향을 미친다.

둘째, RT의 아동발달 증진 효과는 이 관계 기반 중재의 기본 논리와 매우 일치한다.

요약

2019년 개정 RT 교육과정은 RT의 사용 편의성을 향상시키도록 몇 가지 특징을 보완하였다.

① 중재 회기 계획을 개발하는 데 효과적인 절차를 제공한다.

② RT가 IEP/IFSP의 요구 사항을 어떻게 준수하는지뿐만 아니라 일상에서 어떻게 구현될 수 있는지에 중점을 둔다.

③ 아동의 발달과 사회정서 기능에 미치는 영향뿐 아니라 아동과의 상호작용 질을 높이고 부모의 양육 스트레스와 우울을 줄임으로써 부모의 행복한 양육환경을 향상시킨다. 그리고 이러한 측면에서 RT의 효과성에 대한 검증 결과를 제공하고 있다.

차례

역자 서문 / 3

저자 서문 / 7

chapter 01 RT 개요 15

1. 부모의 반응성 상호작용과 아동발달 / 17
2. RT 이론적 배경 / 18
3. RT 효과 검증 연구 / 20
4. RT 효과 증진을 위한 요소 / 22
5. 가족 협력을 위한 전문가 지침 / 30

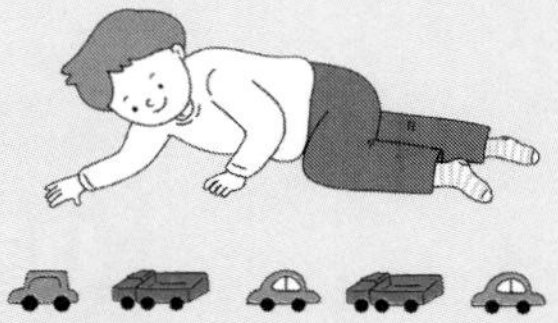

chapter 02 RT 프로그램 구성 33

1. RT 중재 목적 / 36
2. RT 중재 목표 / 37
3. RT 중재 활동 / 38

chapter 03 인지 영역의 RT 중재 회기 계획 ······ 51

1. 중심축 행동(PB): 사회적 놀이 / 54
2. 중심축 행동(PB): 주도성 / 63
3. 중심축 행동(PB): 탐색 / 72
4. 중심축 행동(PB): 실행 / 81
5. 중심축 행동(PB): 문제해결 / 90

chapter 04 의사소통 영역의 RT 중재 회기 계획 ······ 99

1. 중심축 행동(PB): 공동활동 / 102
2. 중심축 행동(PB): 공동주의 / 111
3. 중심축 행동(PB): 언어화 / 119
4. 중심축 행동(PB): 의도적 의사소통 / 126
5. 중심축 행동(PB): 대화 / 135

chapter 05 사회정서 영역의 RT 중재 회기 계획 ······ 145

1. 중심축 행동(PB): 신뢰 / 148
2. 중심축 행동(PB): 감정이입 / 158
3. 중심축 행동(PB): 협력 / 167
4. 중심축 행동(PB): 자기조절 / 176
5. 중심축 행동(PB): 자신감 / 186

chapter 06 RT 중재 실행 195

1. 개별화 RT 중재 회기 계획안 작성 / 197
2. RT 중재 수행 지침 / 204
3. FAP 활동 / 212
4. 중심축 행동 목표 실행 / 215

참고문헌 / 219

찾아보기 / 225

chapter 01

RT 개요

1. 부모의 반응성 상호작용과 아동발달
2. RT 이론적 배경
3. RT 효과 검증 연구
4. RT 효과 증진을 위한 요소
5. 가족 협력을 위한 전문가 지침

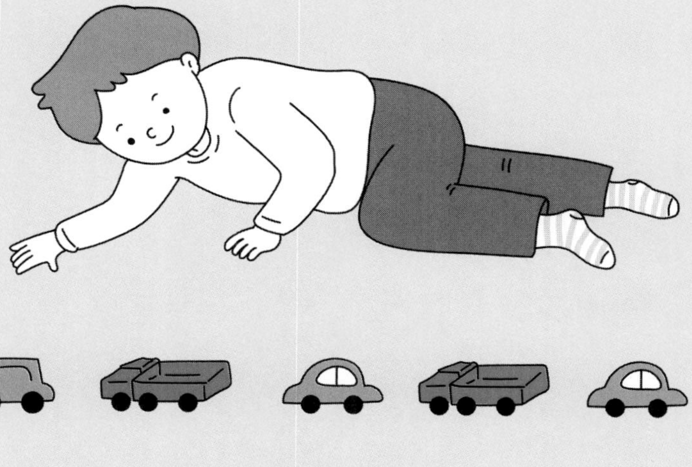

1 부모의 반응성 상호작용과 아동발달

40년 전부터 우리는 부모의 상호작용 질이 장애나 다른 발달의 어려움을 가지고 있는 영아, 유아 및 미취학 아동의 발달 속도와 어떠한 관련이 있는지에 관한 연구 조사를 지속해 왔다(Mahoney, 1988a, 1988b; Mahoney, Finger, & Powell, 1985).

이 연구 조사가 인과관계를 파악하기 위해 설계된 것은 아니었지만, 결과적으로는 부모가 자녀의 발달을 촉진하고 증진하는 방식이 많은 조기 중재자와 치료사들이 사용하던 중재나 권고 유형과 상당히 다르다는 것을 발견하게 되었다. 즉, 일반적인 조기 중재는 자녀가 아직 알지 못하지만 현재 연령에서 사용하도록 기대하는 발달이나 기능적 기술을 가르치는 데 중점을 두었다.

그러나 본 연구에서는 12개월, 24개월, 36개월에 인지 및 의사소통 기능이 높은 수준으로 나타난 아동 집단을 살펴본 결과, 부모가 직접 가르치지 않는 상호작용 에피소드와 관련이 있는 것으로 관찰되었다. 이와 같은 부모는 자녀에게 특정 유형의 놀이 행동에 참여하도록 요구하거나 자녀들이 아직 알지 못하는 말이나 다른 의사소통 행동을 하도록 요구하는 경우는 거의 없었으며, 대체로 자녀들에게 현재의 발달 기능 수준을 넘어서는 행동을 하도록 강요하는 것을 자제하였다. 이러한 부모들의 일상에서 관찰된 반응성 상호작용 행동을 요약하면 다음과 같다.

1. 즉각적으로 반응하고 아동이 스스로 하기 시작한 대부분의 행동을 격려한다.
2. 아동과 조화로운 상호호혜적인 상호작용을 한다.
3. 아동이 주도하는 상호작용의 주제를 격려하며, 먼저 지시하지 않는 상호작용을 한다.
4. 높은 수준의 긍정적인 감정과 즐거움을 보여 준다.
5. 아동이 모방하거나 수행하도록 강요하지 않고 아동의 현재 관심, 발달, 그리고 행동 방식에 맞는 발달 행동들을 모델링하거나 보여 준다.

2 RT 이론적 배경

RT의 교수 방법과 목적은 최근 영유아발달 연구와 조기 개입 이론에 부합하는 것들로서, 부모 또는 교사가 영유아와 일상에서 얼마나 자주 많이 상호적인 활동에 반응적으로 참여하는가가 영유아의 발달과 사회-정서적 안정에 중요한 환경 변인임을 검증하는 선행연구 결과에 근거하여 구성되었다(Bruner, 1974, 1983; Piaget, 1963; Vygotsky, 1978; Atkinson, 1964; Weiner, 1980).

1) 구성주의(Constructivism) 학습관점

대표적인 구성주의 아동심리학자 피아제(J. Piaget)는 아동은 스스로 주도하는 활동에 참여하는 동안 친숙한 주위 상황에서 스스로 조작하고, 탐색하고, 그리고 실행하는 경험을 통하여 자신의 세계에 대한 보편적인 이해를 발전시키며 사회적으로 요구되는 적합한 행동과 기술을 획득해 나간다고 보았다. 따라서 **아동발달의 모든 양상은 능동적 학습과정에 의해 적용된다.** 발달의 모든 차원, 즉 인지, 사회성, 언어, 그리고 운동기술 등은 궁극적으로 아동의 능동적 학습과정에 의해 좌우된다. 이는 아동은 선천적으로 자신이 한 행동과 결과를 간파하고 다른 활동과 경험에 적용할 수 있으며, 놀이를 통해 능동적으로 학습을 경험하며 반복적으로 수행해 보면서 상위 수준의 사고와 추론 능력으로 옮겨 간다. 요컨대, **모든 아동은 자신이 가지고 있는 선천적 능력 수준에 상관없이 사물, 도구 그리고 사람과의 능동적인 상호관계 활동을 통해 발생하는 능동적 경험을 통해 인지 학습을 발달해 간다.**

2) 비계(Scaffolding)로서의 부모와 교사 역할

비고츠키(L. Vygotsky)는 아동의 인지 학습은 일차적으로 부모나 교사와 함께하는 일상적인 놀이 또는 활동에 참여를 통해서 이루어진다고 보았다. 따라서 부모나 교사는 일상적인 활동에 아동이 능동적으로 참여할 수 있도록 격려해 주고 아동이 스스로 사회적 놀이나 활동에 참여하도록 지지해 주어야 한다. 아동발달 촉진을 위한 부모와 교사의 역할은 아동이 스스로 생각하고 자율적으로 최선의 방안을 찾도록 돕는 것이다. 즉, 부모와 교사는 아동이 자신의 잠재력을 개발하고 성과를 얻도록 하는 협력자이며, 아동이 스스로 생각하고 자율적으로 최선의 방안을 찾도록 돕는 비계자가 되어야 한다.

3) 가족 중심 접근(Family focused approach)

부모는 아동과 이미 강한 정서적 유대를 가지고 있으며, 영유아에게 양적 및 질적으로 중요한 영향력을 행사하는 양육자이다. 따라서 RT 중재는 부모 매개 중재 프로그램(parent-mediated intervention program)으로서 아동의 일상적인 생활 중에 부모가 중재 활동에 개입하도록 계획하며 중재에 부모를 일차적으로 포함시켜 진행한다. 모든 조기 개입 모형에서는 부모의 참여 없이는 성공적 결과를 논할 수 없다고 강조한다. RT에서는 부모와 자녀 간에는 생물학적 · 정서적인 독특한 관계가 있기 때문에 부모는 아동발달을 촉진하는 데 매우 영향력 있는 존재로서 설명하고 있다. 또한 이와 같은 부모의 영향력은 발달상 문제가 있거나 아동이 다른 전문가로부터 조기 중재를 받고 있더라도 줄어들지 않는다.

4) 일과 기반 중재(Routined based intervention)

아동은 일과 중 상호작용을 통해 성장한다. 아동에게 일상생활은 새로운 기술을 배우는 데 많은 기회를 제공하기 때문이다. 즉, 아침에 일어나서 씻고 밥을 먹고 놀이하거나 차를 타고 이동하는 일상적인 일과 속에서 아동은 배운다. 특히 이와 같은 자연적 환경 중재(natural environment intervention)에서 함께하는 어른이 제공하는 피드백은 교육적으로나 치료적 의미에서 효율적이며 그 효과를 유지하고 일반화하는 데 매우 긍정적이다(Mahoney & MacDonald, 2007; McWilliam, 2010). RT는 아동이 다른 사람과 놀이하고, 의사소통하고, 상호작용하면서 보내는 매일매일의 일상적인 활동에 참여하고 즐거움을 느끼도록 지지해 주고 촉진해 주는 데 초점을 둔다.

5) 아동의 중심축 발달 행동(Pivotal developmental behavior)

아동발달의 중심축 행동(pivotal behavior)이란 지금까지 영유아발달 항목으로서 주로 논해 왔던 특정 발달 이정표상의 '개별적인 발달 행동들(discrete developmental behaviors)'(예: 블록을 몇 개 쌓을 수 있다, 몇 개 단어로 말을 할 수 있다 등)에 선행하는 아동 발달에 근본이 되는 기초역량의 개념이다. RT에서는 인지, 의사소통, 사회정서의 3개 발달 영역에 걸친 15개 중심축 행동 목표를 포함하고 있으며, RT 중재 활동을 통해 구체적으로 일상 중에 부모 또는 교사가 영유아와 반응성 상호작용을 하면서 아동의 발달적 학습에 기초가 되는 사회적 놀이, 주도성, 탐색, 실행, 문제해결, 공동활동, 공동주의, 언어화, 의도적 의사소통, 대화, 신뢰, 감정이입, 자기조절, 협력, 자신감으로 이루어져 있는 '중심축 행동'을 배워 나가고 사용하도록 촉진한다. 중심축 행동은 아동이 발달적 기술과 수행 능력을 배우는 데 사용하는 일련의 작은 능동적 학습과정으로서, 생의 초기로부터 아동이 이미 할 수 있는 발달의 근본이 되는 행동들을 말한다. 비록 정상적 발달 진행을 하는 아동에 비해 낮은 수준의 강도와 빈도일지라도, 발달적 문제를 가진 대부분의 아동도 이러한 행동들을 생산할 수 있다(김정미, 2004).

3 RT 효과 검증 연구

연구 결과를 바탕으로, 부모가 아동과 반응성이 높고, 상호적이며, 정서적인 상호작용을 촉진하는 '관계 기반 중재'가 아동의 발달 문제를 해결하는 데 효과적일 수 있는지를 판단하기 위한 검증 연구를 실시하였다.

이 연구 과정에서 반응성이 높은 부모와 아동 간의 관계를 강화하는 데 중점을 둔 교육과정을 개발하게 되었다. 이 교육과정은 처음에는 TRIP(Transactional Intervention Program; Mahoney & Powell, 1988)라고 불렸지만, 최종적으로 RT(Responsible Teaching; Mahoney & MacDonald, 2007)로 명칭을 확정하게 되었다. 이 프로그램으로 생후 5개월에서 6세 사이 아동과 부모 약 200쌍을 대상으로 8차례에 걸쳐 연구 검증을 위한 평가를 수행하였다. 대상 아동은 각각 자폐스펙트럼장애, 다운증후군, 뇌성마비, 의사소통 발달 지연, 미진단 발달 지연 등의 발달장애와 발달상 어려움을 가지고 있으며, 그 밖에 입양가정 아동도 포함되었다(〈표 1-1〉 참조). 연구 검증 평가를 통하여 다음과 같은 세 가지의 주요 결과를 확인할 수 있었다. 그 내용은 다음과 같다.

첫째, RT는 부모가 아동과의 상호작용을 변화시키는 데 효과적이었다. 8개의 평가 모두에서 '부모의 반응성'이 확연히 증가한 것으로 나타났다. 구체적으로 7개의 평가에서 '긍정적인 정서'가 증가하였으며(〈표 1-1〉의 2~8번 연구), 3개의 평가에서 지시성이 감소한 것으로 보고되었다(〈표 1-1〉의 1, 4, 5번 연구).

둘째, RT 중재는 아동의 발달을 현저하게 개선시켰다. 8개 평가 모두에서 아동의 인지 기능이 유의미하게 개선된 것을 확인하였다. 구체적으로 6개 연구에서 아동들의 의사소통 능력이 증가된 것으로 보고되었고(〈표 1-1〉의 3, 4, 5, 6, 7, 8번 연구), 5개 연구에서 부모 및 타인과의 상호작용 능력 증진에 따른 아동의 사회성 개선이 보고되었다(〈표 1-1〉의 2, 3, 4, 5, 7번 연구). 그리고 4개의 연구에서 아동의 사회정서 기능에서 개선이 보고되었다(〈표 1-1〉의 2, 3, 6, 7번 연구).

셋째, RT 중재 중 아동의 발달 증진은 부모의 아동에 대한 반응성 증진 정도와 관련이 있었다. 이는 부모의 반응성 상호작용이 발달장애와 발달 위험을 가진 아동의 발달 기능을 촉진하고 도움을 주는 중요한 역할임을 입증하는 것이다.

표 1-1 관계 기반 중재 효과 검증 연구

연구	연구 방법	연구 대상			중재 기간/주기
		표본 수	평균연령(월)	장애 유형	
1. Mahoney & Powell (1988)	Pre-post Quasi-experimental	41	18	다운증후군 뇌성마비 척추뼈 갈림증 뇌수종 등 조건	11.5개월/주 1회
2. Mahoney & Perales (2003)	Pre-post Quasi-experimental	20	32	전반적 발달장애	12개월/주 1회
3. Mahoney & Perales (2005)	Pre-post Quasi-experimental	50	27	미확진 발달장애 (N=30) Vs. 자폐증	12개월/주 1회
4. Karaaslan, Diken & Mahoney (2013)	Randomized control trial	18	49	다운증후군 자폐증 미확진 발달 지연	6개월/주 1회

5. Karaaslan & Mahoney (2013)	Randomized control trial	15	50	다운증후군	4개월/ 격주 1회
6. Mahoney, Nam, & Perales (2014)	Pre-post Quasi-experimental	28	35	국제/ 국내 입양 아동	3개월 Vs. 6개월/ 주 1회
7. Mahoney, Wiggers, Nam, Kralovic, & Perales (2014)	Pre-post Quasi-experimental	19	30	전반적 발달장애	10개월/ 주 1회
8. Alquraini, Al-Odaib, Al-Dhalaan, Mahoney (2019)	Randomized control trial	28	45	자폐증	4개월/ 주 1회

※ 1번 연구(Transactional Intervention Program)를 제외한 모든 연구는 RT 프로그램이 적용되었다.

4 RT 효과 증진을 위한 요소

RT(Responsive Teaching)는 1984년부터 개발 · 적용하면서 '관계 기반 중재'에 대한 효과 검증을 지속하였다. 그리고 RT를 수행하는 현장 전문가들이 실제 중재 실행에서 겪는 어려움을 해결하기 위해 지난 35년 동안 여러 차례 수정하여 RT의 사용 편의성과 효과성을 향상시키고자 하였다. 이에 따른 RT의 핵심 요소는 다음과 같다.

1) 반응성 상호작용 전략(RIS)은 부모가 아동과 상호 관계의 질을 향상시키는 최선의 방식을 제공한다.

부모나 교사가 아동과 함께할 때, 상호작용의 질을 향상시킬 수 있는 효과적인 절차가 무엇인가에 대해 결정하는 것은 어렵고 중요한 일이다.

초기 연구에 참여했던 RT 중재사들은 '반응의 중요성을 이해하고 있으며, 부모가 아동과 바람직한 방식의 상호작용을 하도록 격려하고 있다.'고 보고하였다. 그들이 수행한 방식은 구체적으로 다음 두 가지 활동으로 요약할 수 있다. 첫째, 아동발달에 영향을 미치는 부모의 반응성에 대해 설명(discussion)한다. 둘째, 아동과 함께 중재 활동을 수행하면서 반응성 상호작용 방식을 모델링(modeling)한다. 그러나 중재사들은 이러한 활동이 때로는 부모에게 아무런 영향을 주지 않았다는 점에 대해 회의적이었다. 실제로 이 문제를 연구하면서, 본 연구자는 반응성에 대해 설명하는 것이나 반응성 상호작용을 모델링하는 것이 부모가 아동과 상호작용하는 방식을 변화시키는 데 일관된 영향력이 있다는 증거를 발견하지 못했다.

이러한 딜레마에 직면하여 RIS의 개념을 개발한 초기 전문가 중 한 명인 맥도널드(J. D. MacDonald) 박사와 재논의를 하였다. 그와 그의 동료들은 부모가 반응성 행동의 구체적 요소들을 습득하도록 하기 위해 사용한 간단한 전략들이 어떻게 개발된 것인지 보여 주었다. 예를 들어, 부모-아동 간의 상호적 상호작용을 증진시키기 위해 '한 번 하고 차례 기다리기(Take one turn and wait)' 전략을 개발하였다. 부모가 아동의 모든 행동에 즉각적으로 반응하도록 격려하기 위해 '작은 행동에도 즉각적으로 반응하기(Respond immediately to little behaviors)' 전략을 사용하였다. 그리고 아동에 대한 부모의 지시성(directiveness)을 감소시키기 위해 '질문 없는 의사소통하기(Do not ask questions)' 전략을 사용하였다. 이러한 전략의 대부분은 부모-아동 상호작용 유형을 설명하는 아동발달 연구 결과에서 나온 것이다. 예를 들어, '한 번 하고 아동의 차례 기다리기(Take one turn and wait)'는 어린 아동들의 부모-아동 간의 상호작용이 부모와 아동이 주고받는(turn-taking) 관계성의 연속으로 설명될 수 있음을 보여 주는 연구 결과에서 나왔으며(Kaye & Charney, 1980), '질문 없는 의사소통하기(Do not ask questions)'는 아동에 대한 부모의 지시가 대부분 질문(예: 여기에 넣을 수 있어?) 형태임을 나타내는 연구 결과에서 도출된 것이다(Mahoney, Fors, & Wood, 1990). 이와 같은 연구 고찰을 통해, RIS는 부모나 중재사가 상호작용 유형을 변화시키기 위해 사용할 수 있도록 개발되었으며, 구체적이고 기억하기 쉽게 지침을 마련하여 제공하고 있다. RT 지침에서 제공하고 있는 반응성 상호작용 전략들은 이미 부모와 교사들이 아동과 반응성 상호작용 행동 적용에 효과적임을 경험한 것들이다.

2) RT의 목표는 부모나 교사가 아동과 더욱 반응적으로 상호작용하도록 다섯 가지 차원의 반응성 행동을 촉진하는 반응성 상호작용 전략(RIS)을 가르치는 것이다.

RT를 개발하기 시작했을 때, 이미 플로어 타임(Floor time; Greenspan & Weider, 1998)과 하넨 프로그램(Hanen Program; Sussman, 1999)과 같은 조기 중재 프로그램에서 반응성 상호작용 전략의 일부가 포함되어 부모를 대상으로 유용한 중재 전략으로 적용되어 왔다. 그러나 이들 프로그램에서 제시된 반응성 상호작용 전략은 부모의 반응성 행동 요소들을 촉진하고자 하지만 반응성의 다양한 차원을 구별하고 있지는 않다. 이에 본 연구자들은 RT를 개발하면서, 아동발달 프로그램 또는 문헌에서 보고되었던 반응성 상호작용 전략을 취합하여 반응성 행동의 유형과 구성 요소들을 분류하고, 중복된 전략을 제거하였다. 그 결과, 66개의 RIS 목록을 제시하였다(〈표 1-2〉 참조). 다양한 차원의 반응성 행동을 촉진하는 RIS는 서로 보완적으로 '반응성 상호작용'을 효과적으로 변화시키는 데 기여한다. 고려할 것은 어떤 하나의 전략이 매우 효과적이라고 말할 수 없으며, 오히려 RT의 효과는 아동의 행동에 '부모가 얼마나 즉각적으로 반응하는가' '얼마나 긍정적인 정서로 아동에게 반응하는가', 그리고 '아동의 발달, 흥미, 행동 양식에 맞게 상호작용을 할 수 있는가'의 역량이 함께 영향을 미친다. 선행연구에 따르면, RT의 여러 차원의 반응성 행동 중 하나 이상이 부족하다면 RT 효과가 감소할 수 있다는 것을 보여 주었다. 특히 부모나 교사의 지시성을 낮추기 위한 RIS를 잘 적용하지 못하였을 때, 부모의 반응성을 잘 촉진하지 못하고 더불어 아동발달을 효과적으로 증진시키지 못하는 것으로 나타났다.

표 1-2 **범주별 반응성 상호작용 전략**

범주	반응성 상호작용 전략
상호성	
활동참여	111 신체적인 상호작용하기
	112 자주 함께 놀이하기
	113 아동의 세계로 들어가기
	114 거울처럼 그대로 반영해 주고 평행 놀이를 하면서 함께 활동하기
	115 아동이 상호작용하기를 기대하기
균형	121 한 번 하고 아동의 차례 기다리기
	122 일반적인 차례보다 아동이 한 번 더 하기
	123 소리를 주고받으며 놀이하기
	124 내가 준 만큼 아동에게 받기
	125 아동이 더 많이 의사소통하도록 어른이 적게 말하기
일상 중 공동활동	131 장난감을 사용하지 않고 서로 마주 보며 놀이하기
	132 반복 놀이나 일련의 순서가 있는 활동 지속하기
	133 반복 놀이 함께하기(상호적으로 하기)
	134 장난감을 가지고 아동과 함께 놀기
	135 일상적인 공동활동 중에 의사소통 습관 만들기

수반성	
인식	211 아동의 행동 관찰하기
	212 아동의 관점 택하기
	213 아동의 상태에 민감하기
즉각성	221 아동의 신호, 울음 또는 비언어적 요구에 즉시 반응하기
	222 작은 행동에도 즉각적으로 반응하기
	223 즉시 훈육하고 위로해 주기
의도	231 비의도적인 발성, 얼굴 표정, 몸짓에 마치 의미 있는 대화인 것처럼 반응하기
	232 부정확한 단어 선택, 발음 또는 유사 단어에 아동의 의도대로 반응해 줌으로써 인정해 주기
	233 아동의 행동, 감정 및 의도를 단어로 표현해 주기
	234 아동의 명확하지 않은 발성과 비슷한 단어를 아동의 행동이나 의도에 알맞은 단어로 바꾸어 말하기
	235 불순종을 아동의 선택이나 능력 부족으로 해석하기
빈도	241 RT 전략이 일상생활 중에서 아동의 참여를 어떻게 촉진하는지 탐색하기
	242 많은 양육자가 RT 전략을 사용하도록 촉진하기
비지시성	
낮은 지시성	311 질문 없는 의사소통하기
	312 아동의 행동과 의사소통을 모방하기
	313 아동에게 선택할 기회를 자주 주기
촉진	321 아동에게 다음 발달 단계를 보여 주어 확장하기
	322 아동의 의도를 명확히 표현해 주거나 아동의 주제를 발전시키며 확장하기
	323 더욱 성숙한 반응을 만들어 내는 동안에 조용히 기다려 주기
	324 목적을 가지고 놀이하기
	325 환경 변화시키기
애정	
활기	411 활기 있게 행동하기
	412 기대하며 수행을 기다리기
	413 놀이적인 방식으로 아동에게 반응하기
	414 아동의 주의를 빼앗기지 않도록 더욱 흥미롭게 놀이하기
	415 억양, 손짓, 그리고 비언어적 몸짓을 사용하여 의사소통하기
즐거움	421 놀이 상대자로서 행동하기
	422 재미있게 상호작용하기
	423 일상적인 일을 놀이로 전환하기
	424 아동이 즐거워하는 활동 반복하기

온정성	431 과격하지 않게 신체 접촉하기
	432 주의를 끌기 위한 아동의 울음이나 요구에 애정적으로 반응하기
	433 아동이 소란스럽거나, 짜증을 내며 화낼 때 달래 주기
수용	441 아동이 하는 것에 가치 두기
	442 아동의 두려움을 의미 있고 이유 있는 것으로 대하기
	443 아동이 하는 것은 무엇이든지 수용하기
	444 아동이 하는 신기하고, 재미있고, 바람직한 행동에 대해 이야기하기
조화	
발달	511 아동의 행동을 발달적으로 해석하기
	512 아동이 학습할 수 있는 발달 기술 인식하기
	513 아동의 발달 수준에 맞는 행동을 요구하기
	514 아동이 할 수 있는 방식대로 행동하기
	515 아동이 의사소통하는 방식으로 대화하기
	516 발달적으로 적합한 규칙과 기대 가지기
흥미	521 아동의 행동을 관심의 표시로 이해하기
	522 아동이 주의를 집중하는 것에 따르기
	523 아동의 주도에 따르기
행동 유형	531 아동의 기분에 민감하기
	532 아동의 일반적인 상호작용 활동을 관찰하기
	533 아동의 행동 상태에 반응하기
	534 아동의 행동 유형에 적합한 기대 가지기
	535 아동의 상호작용 속도에 맞추기

3) 부모나 교사가 아동과의 상호작용 질을 높이기 위해서는 시간이 필요하며 매우 민감하고 개별적인 과정이다.

부모와 교사는 아동과 상호작용하고 양육하는 방식에 대해 많은 생각과 고민을 한다. 많은 사람이 아동에게 좋은 것을 해 주는 데에는 매우 적극적이지만, 아동을 돌보고 상호작용하는 방식에 있어 자신이 잘하고 있다고 확신하지는 않는다.

만일 자신이 지금까지 해 오던 방식이 아동발달에 도움이 되지 않았다면 때로는 지금까지 익숙하고 편하게 사용했던 방식을 과감하게 버려야 한다. RIS가 부모나 교사가 지금까지 해 오던 것과는 다른 상호작용 방식을 강조하기도 한다.

본 연구자들은 검증연구를 통해, 부모나 교사가 사용해 오던 이전 상호작용 방식이 RIS와 유사할수록 반응성 상호작용 전략을 더 빨리 배우고 용이하게 일상에 적용할 수 있다는 것을 확인하였다. 한편, RIS가 촉진하고 있는 상호작용 방식과는 매우 다른 상호작용 방식으로 중재를 시작한 부모는 반응성 상호작용 전략을 배우고 사용하는 데 어려움을 겪는 경우가 많았다. 이는 상당수의 부모가 자신의 양육 방식이 옳다고 생각하고 있기 때문이다. 따라서 부모에게 현재 자신의 방식을 포기하도록 강요하기 전에, 먼저 RIS가 실제로 아동에게 도움이 될 것이라는 확신을 가지도록 하는 것이 중요하다.

RIS를 배우는 데 어려움을 겪는 부모나 교사에게는 RIS 적용 사례를 여러 번 보여 줌으로써, 부모가 스스로 반응성 상호작용 전략의 중요성을 인식하고, 아동발달을 촉진하기 위한 개인적 신념의 차이를 깨닫았을 때, 쉽게 받아들일 수 있었다.

RT 효과 증진을 위한 절차

- 첫째, 매 중재 회기 목표로서 중심축 행동을 선정한다. RT가 아동의 발달 요구를 어떻게 다룰 것인지에 대한 부모의 이해를 높이기 위해, 각 중재 회기에서 부모에게 아동의 중재 목표로서 표적이 되는 행동에 대해 설명한다. 이를 중심축 행동 중재 목표라고 한다. 각 회기에서 제시된 RIS가 어떻게 이러한 중심축 행동을 촉진할 것인지와 더불어 아동의 발달 요구를 성취하는 데 있어서 중심축 행동의 중요성을 설명한다.
- 둘째, 각 중재 회기에서 부모가 최소한의 새로운 RIS만 배우도록 계획한다. 한 회기에서 새로운 RIS를 너무 많이 배울 때 부모는 혼란스러울 수 있다.
- 셋째, RT는 RIS를 여러 번 반복하여 실행하도록 계획한다. 각 중심축 행동은 수준별로 4단계에 걸쳐 중재 회기를 진행하도록 되었다. 처음 세 단계에서는 부모가 아동의 중심축 행동 중재 목표를 촉진하는 데 사용할 수 있는 2~4개의 새로운 RIS를 제시한다.
- 넷째, 아동의 중심축 행동 중재 목표를 촉진하기 위해 제시된 RIS를 검토하도록 한다. 서로 다른 중재 회기 단계는 각각 한 번만 제시되는 것으로 보이지만, 만일 부모가 그 단계에서 제시된 RIS를 학습하는 데 어려움을 겪는 경우에는 한 번 이상 진행할 수도 있다.

4) 각 중재 회기에서, 부모에게 RIS를 수행하는 방법에 대해 구체적인 지침을 준다.

부모가 RT 중재 회기 동안 배운 전략을 잘 사용할지를 결정짓는 중요한 요소는 회기 마지막 절차에서 진행되는 '일상 적용에 대한 지침'이다. RT에서는 일반적으로 부모가 하루에 2~3번 정도 아동과 약 5~10분간 놀이를 하면서 상호작용하기를 권장한다. 이 놀이과정에서 부모는 최근 중재 회기에서 제시된 RIS를 의식적으로 집중할 것이다. RT 중재사는 부모가 아동과의 일상생활에서 RT 전략들이 어떻게 통합될 수 있는지에 대해 논의한다.

부모에게 '가족행동 계획안(FAP)에 따라 수행하도록 주지하는 것'은 부모가 중재 회기 동안 얻은 정보로 일상에서 무엇을 할 수 있는지 기억하도록 한다. 또한 중재 회기를 시작할 때 부모에게 이전 회기에 따른 후속 활동에 대한 경험을 이야기하도록 한다. 이와 같은 절차는 RT의 두 가지 중요한 기본 전제에 기반한다. 첫째, 아동은 자연스러운 환경에서 일어나는 일상적인 활동 동안에 가장 잘 배운다. 둘째, 부모의 RIS 사용은 자연적으로 발생하는 학습 기회를 더욱 강화한다. 부모가 RT 중재 회기에서 다룬 정보를 일상에 적용하는 데 긍정적 태도를 가지고 있더라도, 구체적으로 후속 활동에 대한 적용 계획을 검토하는 절차는 부모가 아동과의 일상에 더 많이 더 자주 RIS를 통합하도록 한다.

5) RIS는 더 높은 수준의 발달 행동을 직접적으로 가르치지는 않지만, 아동의 사회적 · 비사회적 활동 참여를 효과적으로 향상시킨다.

아동의 개별화 교육 계획(Individualized Education Plan: IEP) 또는 개별화 가족 지원 계획(Individual Family Support Plan: IFSP)의 목표는 일반적으로 전형 발달 아동과 차이를 보이는 발달 기술과 행동 측면에서 설명하고 있다. 이러한 목표는 높은 수준의 행동과 기술을 아동에게 직접 가르치면 또래와의 발달 격차를 줄일 수 있다는 논리에 근거한다. 그러나 RIS의 '아동의 주도에 따르기' '한 번 하고 아동의 차례 기다리기' '아동이 할 수 있는 방식대로 행동하기'와 같은 전략들은 아동이 이미 할 수 있는 행동과 의사소통을 하도록 지지한다. 이러한 RIS가 아직 할 수 없는 기술이나 행동을 아동이 배우도록 하는 데는 효과적이지 않아 보일 수도 있다. 그러나 본 연구자들의 검증연구에서는 오히려 이러한 전략들이 부모의 반응성 상호작용 방식을 발전시키고 이에 따라 아동발달에 긍정적인 영향을 미친다는 것을 발견하였다. 아동은 더 높은 수준의 발달에 도달했을 때, 낮은 발달 수준일 때보다 더 많이 더 높은 수준의 발달 기술과 행동을 스스로 사용하였다.

본 연구자들의 검증연구에서 'RT가 부모의 상호작용 유형과 아동의 사회적 참여(social engagement)에 미치는 영향'을 평가한 결과, 부모의 반응성이 증가함에 따라 아동의 사회적 참여, 즉 주의집중(children's attention), 지속성(persistence), 활동참여(involvement), 흥미(interest), 주도성(initiation), 협력(cooperation) 및 애정(affect) 정도가 증가하였다. 이와 같은 결과는 아동의 장애 유형이나 정도와 상관없이 동일하게 나타났다.

한편, 부모의 반응성이 거의 증가하지 않은 경우에는 아동의 사회적 참여 정도도 거의 변화하지 않았다. 이와 같은 결과는 RT를 통한 아동의 발달 변화는 부모의 반응성 증진 정도와 관련이 있음을 나타낸다. 그러나 부모의 반응성이 직접적으로 아동의 발달을 촉진하는 것이 아니라, 아동의 참여에 대한 부모의 반응성이 인과적으로 RT 효과에 영향을 미치게 된다(Karaaslan & Mahoney, 2015; Mahoney & Solomon, 2016). RT는 부모가 일상에서 자주 더욱 반응적으로 상호작용하도록 촉진하기 때문에 부모의 반응성이 향상되면 아동은 사회적 · 비사회적 활동에 더욱 능동적으로 참여하게 된다. 아동의 상호작용 능력의 증가는 일상에서 아동의 발달 학습을 효율적으로 향상시켜 주며, 이는 높은 수준의 발달 기능을 촉진하는 데 '중심축(pivotal)', 즉 중요한 역할을 한다.

부모의 반응성이 아동의 발달을 촉진하는 방식으로써 인식이 높아짐에 따라 본 연구자는 명칭을 '교류 중재 프로그램(TRIP)'에서 '반응성 교수(RT)'로 바꾸었다. 이 새로운 프로그램명은 부모가 아동과 더 높은 수준의 반응성에 참여하였을 때, 실제로 아동에게 발달 학습의 기초가 되는 발달의 중심축 행동을 자연스럽고 습관적으로 하도록 가르친다는 인식을 반영하는 것이다.

또한 아동의 중심축 행동의 증가가 발달 기능을 더욱 높이는 데 중요한 요소이기 때문에 중심축 행동이 아동의 발달 기능을 촉진하는 RT의 중재 목표가 된다. 따라서 RT는 각각의 개별적인 발달 기술(discrete developmental skills)을 중재 목표로 삼기보다는 부모의 반응성에 의해 촉진되고 3개 영역의 발달 학습을 위한 기초가 되는 15개의 중심축 행동을 중재 목표로 개발하였다.

표 1-3 **중심축 행동 중재 목표**

발달 영역	인지	의사소통	사회정서
중심축 행동	① 사회적 놀이(Social Play) ② 주도성(Initiation) ③ 탐색(Exploration) ④ 실행(Practice) ⑤ 문제해결(Problem-Solving)	① 공동활동(Joint Activity) ② 공동주의(Joint Attention) ③ 언어화(Vocalization) ④ 의도적 의사소통(Intentional Communication) ⑤ 대화(Conversation)	① 신뢰(Trust) ② 감정이입(Empathy) ③ 협력(Cooperation) ④ 자기조절(Self Regulation) ⑤ 자신감(Feelings of Confidence)

5 가족 협력을 위한 전문가 지침

RT에서는 전문가가 가족 구성원들과 함께 아동의 발달 문제를 해결할 뿐만 아니라, 부모의 효능감, 아동에 대한 즐거움, 행복감을 향상시키기 위해 부모의 양육 지식과 기술을 촉진한다. 이는 DEC에서 권장하는 가족 협력 실행에 부합한다(Division for Early Childhood, 2014).

첫째, RT는 부모의 우선순위와 아동에 대한 관심사를 해결하는 데 중점을 둔다. RT의 중심축 행동 중재 목표는 인지, 의사소통, 사회정서 기능에서 아동의 개별화된 발달 욕구에 맞추어 계획한다. 따라서 만일 부모의 관심사가 아동의 사회정서 기능에 관한 것이라면, RT는 아동의 기능과 가장 관련이 있는 사회정서 영역의 중심축 행동을 촉진하는 데 중점을 둔다.

둘째, RT에서 사용하는 RIS는 부모의 자기효능감과 아동에 대한 즐거움을 향상시킨다. 제안한 전략이 부모가 지금까지 사용해 온 상호작용 방식과 양립할 때, 현재의 상호작용 방식이 아동의 발달에 해로운 영향을 주는 것이 아닐까 하는 부모의 우려를 줄여 준다. 그러나 부모가 아동과 상호작용하던 방식과 다른 RIS를 배울 때, 부모는 RIS가 아동의 참여를 촉진하고 지원하는 데 매우 효과적이라는 것을 인식하게 된다(Karaaslan & Mahoney, 2015; Mahoney & Solomon, 2016). 이는 부모의 긍정적 감정의 증가는 자녀에 대한 즐거움이 증가하고 더불어 부모의 자신감과 효능감을 증진시키게 된다.

셋째, RT 관계 기반 중재는 부모의 심리적 안정을 증진한다. 장애 아동의 부모, 특히 어린 자녀를 둔 부모는 높은 수준의 양육 스트레스와 우울을 경험한다(Abbeduto, Seltzer, Shattuck, et al., 2004). 따라서 높은 수준의 스트레스와 우울을 겪는 부모에게 RT와 같은 관계 기반 중재의 참여를 장려할 필요가 있다.

이에 대해 본 연구자들은 세 개의 검증연구를 실시하였다(Alquraini, Al-Adaib, Dhalaan, Merza, & Mahoney, 2018a; Alquraini & Mahoney, 2015; Solomon, Van Egeren, Mahoney, Quon-Huber, & Zimmerman, 2014). 연구에서는 자폐증 자녀를 둔 부모들이 대상자로 참여하였고, 사전 검사 결과 부모들 대부분이 높은 수준의 양육 스트레스와 우울을 보고하였다. 그리고 세 연구 모두에서, 중재 시작 시기에는 높은 수준의 양육 스트레스 또는 우울을 나타낸 부모가 중재 동안에 낮은 수준의 양육 스트레스 및 우울을 가진 부모와 같거나 또는 긍정적으로 더 큰 변화를 나타내었다. 부가적으로 양육 스트레스나 우울이 높은 수준인 부모와 낮은 수준인 부모의 아동을 비교했을 때, 두 집단 아동의 발달적 기능의 변화에는 유의한 차이가 발견되지 않았다.

또한 세 연구 모두 부모의 심리사회적 기능이 임상적으로 유의미하게 개선된 것으로 보고하였다. Alquraini와 Mahoney(2015)는 1년간의 RT 중재 후, 높은 수준의 양육 스트레스를 나타냈던 자폐스펙트럼장애 아동 부모의 스트레스가 41% 감소한 것으로 보고하였다. Solomon 등(2014)의 연구에서는 12개월의 중재 후 35%에서 18%로 감소하였으며, 사우디아라비아 연구에서는 6개월 동안 실시한 평가에서 RT에 참여한 부모의 임상적 우울의 비율은 77%에서 15%로 감소하였으며, 양육 스트레스는 100%에서 31%로 감소한 것으로 나타났다. 대조적으로 통제집단 부모들에게서는 양육 스트레스와 우울 점수에 아무런 변화가 나타나지 않았다(Alquraini et al., 2018b).

요약

RT는 자연스러운 환경에서 부모가 아동의 발달 학습을 향상시키기 위한 반응성 상호작용 능력을 습득하는 데 매우 효과적이다. 반응성 상호작용 전략(RIS)은 부모의 반응성을 촉진하는 데 매우 유용하며, RT 중재 효과는 반응성의 5개 상호작용 차원을 부모가 얼마나 잘 학습하는가에 달려 있다. RT는 부모 또는 가족과 협력하도록 DEC가 권장하는 지침과 일치하는 효과적인 부모 수행 중재이다. 또한 부모의 상호작용 방식과 아동에 대한 즐거움 향상과 더불어, RT는 높은 수준의 스트레스와 우울을 해결하는 데 영향을 미침으로써 긍정적인 부모의 삶에 중요한 역할을 한다.

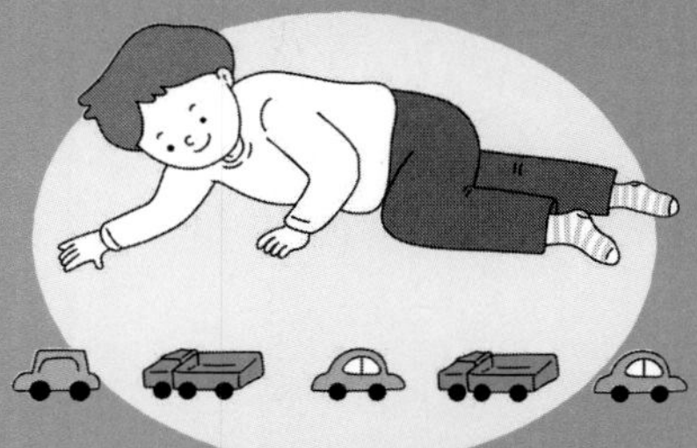

chapter 02

RT 프로그램 구성

1. RT 중재 목적
2. RT 중재 목표
3. RT 중재 활동

RT 프로그램은 다음에 제시한 구성과 요구에 따라 전문가가 수행한다는 전제하에 만들어졌다. 전문가는 훈련을 통하여 개별화 가족 서비스 계획(Individualized Family Service Plan: IFSP) 또는 개별화 교육 프로그램 (Individualized Educational Program: IEP) 등의 계획안 또는 보고서 양식을 사용해서 서비스를 수행한다. 계획안은 다음과 같은 질문에 응답하는 형식으로 구성된다.

- 중재 목표는 무엇인가?
- 주제를 달성하기 위해 제시될 중재 목표 또는 중간 단계는 무엇인가?
- 각 목적에 도달하기 위해 수행해야 할 중재 활동은 무엇인가?
- 중재 결과를 평가하기 위해 사용되는 기준은 무엇인가?
- 중재 목표를 성취해 가는 진행 과정은 어떻게 측정하는가?

RT 프로그램의 구성요소는 다음 [그림 2-1]에 제시한 바와 같다. 아동의 발달을 촉진하기 위해 부모의 발달적 요구와 관심을 반영한 RT 개별화 중재 계획을 어떻게 세울 것인지를 설명하는 것이다. 각 RT 회기 계획에서는 중재사가 중재 회기 동안 부모와 아동과 함께 수행해야 하는 목적, 목표, 중재 활동 그리고 평가 기준을 체계적으로 정리한다.

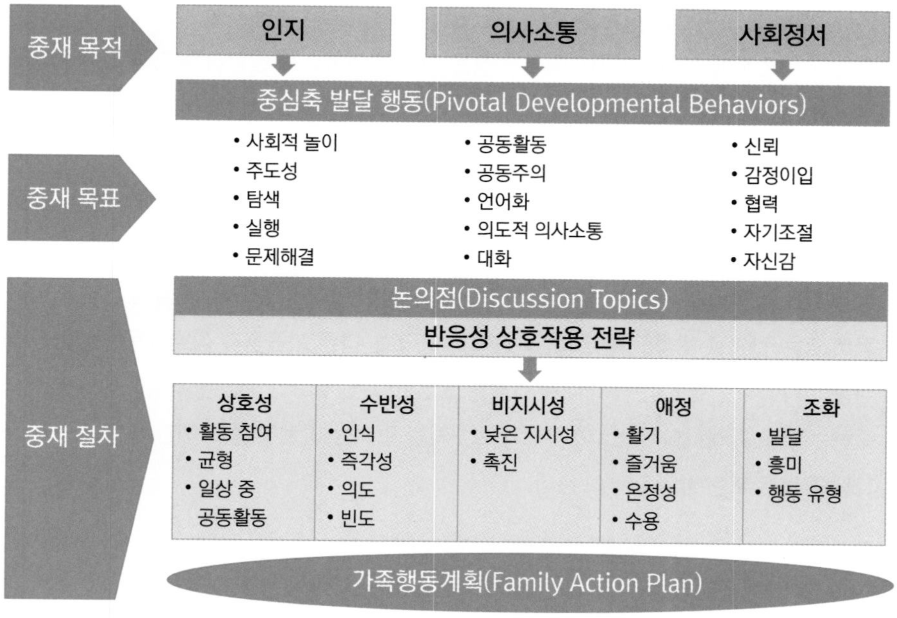

그림 2-1 RT 프로그램 구성요소

1 RT 중재 목적

RT의 중재 목적은 아동의 인지, 의사소통, 그리고 사회정서 기능을 향상시키는 것이다. 제1장에서 제시한 바와 같이, 연구 결과들은 RT가 부모의 반응성을 높이는 데 효과적일 뿐만 아니라 이 세 가지 발달 영역에 걸쳐 아동의 발달을 촉진하는 데 효과적이라는 것을 보여 주고 있다.

RT 중재 회기에서는 각 발달 영역에서 단 한 개의 목적만을 선정한다. 이 중재 목적에는 중재를 통해 기대되는 성과를 반영한다. 중재는 단순히 전문가가 가르치는 개별 행동 기술(Discrete Behavior Skills)을 아동이 학습하는 것이 아니라 아동발달에 근본적인 변화를 촉진하는 것이다. 따라서 RT 중재 목적은 중재에서 수행하는 활동 지침의 근거가 되고 중재가 계획한 대로 이루어지고 있는지를 평가하는 기준이 된다.

RT 중재 목적 수행 시 유의 사항

- 첫째, RT 중재 목적은 발달 문제의 심각성 정도에 상관없이 모든 아동에게 동일하게 적용한다. 아동이 언어발달 지연을 보이지만 발달적으로 단지 '위험 수준' 정도인지, 아니면 '심각한 수준'인지에 상관없이 RT 중재 목적은 아동의 의사소통 발달이 유창하고 유용하게 이루어지도록 한다는 데는 차이가 없다.
- 둘째, RT 중재 목적은 3개 발달 영역에서 하나 또는 조합으로 구성한다. 예를 들어, 부모가 자녀와 의사소통으로 정서적 공유가 이루어지길 바란다면, 부모의 관심은 의사소통 발달 영역에 목적이 있는 것으로 해석할 수 있다. 부모가 아동의 놀이의 질을 높이고 더 높은 수준의 발달 행동을 학습할 수 있는 능력을 가지는 데 관심이 있다면, 부모의 관심은 인지 영역에 목적이 있는 것으로 해석할 수 있다. 아동이 부모 또는 다른 가족원과 상호작용하는 방식 또는 아동이 나타내는 행동 문제에 대해 걱정을 표명한다면, 부모의 관심은 사회정서 발달 영역에 속하는 것으로 해석할 수 있다. 부모가 요구하는 결과는 바로 아동에 대한 개별화 중재 프로그램의 목적 또는 발달 영역이 된다.

2 RT 중재 목표

〈표 2-1〉에 나타난 바와 같이, 각 중재 목적에 대해 RT는 일련의 하위 중재 목표를 제시하고 있다. 이러한 목표는 세 개 발달 영역에서 각각 발달 학습의 기초가 되는 사회적 상호작용 행동들로서, 아동이 더 높은 수준의 발달기능과 개념을 배우는 능력을 향상시키는 데 결정적이기 때문에 '중심축 행동(Pivotal Behavior)'이라 부른다.

표 2-1 **중심축 행동 중재 목표**

발달 영역	인지	의사소통	사회정서
중심축 행동	사회적 놀이 주도성 탐색 실행 문제해결	공동활동 공동주의 언어화 의도적 의사소통 대화	신뢰 감정이입 협력 자기조절 자신감

중심축 행동이란 아동 초기에 발달 기술과 역량을 배우기 위해 아동이 사용하는 행동들이다. 이는 대부분의 아동이 생후 초기부터 할 수 있는 행동들이며, 발달에 문제가 있는 아동들도 비록 강도와 빈도는 낮더라도 이러한 행동을 사용할 수 있다. 발달 기능을 평가하는 데 중심축 행동을 사용하는 경우는 드물지만, 각 발달 수준에서 아동의 기능 정도를 특징짓기 위해 사용될 수 있다.

RT의 중재 목표로 목록화된 중심축 행동은 주요 현대 이론, 즉 아동발달의 구성주의 이론(Piaget, 1963)과 언어발달의 의사소통 이론(Bates, Benigni, Bretherton, Breterton, Camaioni, & Volterra, 1979; Brunner, 1983; Dale, 1976), 사회정서 발달의 심리사회적 이론(Ainsworth & Bell, 1974; Bowlby, 1969)에서 중요한 발달 학습 과정으로 확인되었으며, 아동이 더 높은 수준의 발달 기능을 습득하는 능력을 향상시키는 데 직접적인 영향이 있다(Karaaslan & Mahoney, 2015; Mahoney & Solomon, 2016). 아동의 중심축 행동은 부모가 반응적으로 상호작용을 함으로써 촉진할 수 있다.

3 RT 중재 활동

RT 중재 회기는 부모가 아동의 중심축 행동 중재 목표를 촉진하기 위한 방법을 배우도록 전문가가 수행하는 세 가지 활동, 즉 논의점(Discussion Topics: DT), 반응성 상호작용 전략(Responsive Interaction Strategies: RIS), 그리고 가족행동계획(Family Action Plans: FAP)으로 구성된다.

1) 논의점(DT)

RT는 부모가 일상 중 상호작용을 통해 자녀와 함께 반응성 상호작용 전략(RIS)을 수행하는 데 초점을 둔다. 따라서 RT 중재 회기 동안에 수행하는 활동은 부모에게 다음과 같은 사항을 지원해야 한다.

- 중재 목표로 선정된 중심축 행동이 어떻게 아동의 발달 학습을 증진시키는지, 부모가 아동에 대해 원하는 결과를 성취할 수 있도록 어떻게 도와야 하는지 이해시킨다.
- 중재 회기 동안 아동이 중심축 행동을 사용하도록 촉진하고, 부모는 지원하는 RT 전략을 이해하고 사용할 수 있도록 한다.
- 자연스러운 상황에서 일상적인 활동과 일과 안에서 RT 전략을 통합시키도록 한다.

표 2-2 사회적 놀이 논의점

사회적 놀이란 무엇인가?
• 아동과 어른 간에 조화로운 상호작용 놀이를 한다. • 아동과 어른은 서로 놀이하고 상호작용할 때 서로를 잘 인식한다. • 아동이 어른과 함께하는 사회적 놀이 에피소드 지속시간은 시간이 지남에 따라 증가한다. • 아동은 다양한 상황에서 어른과 빈번히 놀이적인 사회적 상호작용을 한다.
아동은 일상적인 상호작용에서 부모와 자주 놀이하고 상호작용할 때 가장 잘 배운다.
• 아동이 잘 발달하는가는 부모가 얼마나 아동과 놀아 주고 의사소통하는가와 관련이 있다. • 아동발달에 미치는 부모의 영향력은 아동이 놀이할 때 부모가 무엇을 하는가보다는 부모가 얼마나 많이 아동에게 반응해 주는가와 더 밀접한 관계가 있다.

- 일상생활 중에 일어나는 빈번하고 짧은 부모-아동 놀이 에피소드는 아동의 발달 성장을 지원하고 증진하는 데 가장 좋은 방법이다.
- 부모의 놀이 및 의사소통 유형은 발달 문제를 가진 아동이나 전형 발달 아동(예: 자폐스펙트럼장애, 다운증후군 등) 모두에게 동일한 영향력을 가진다.

논의점에서는 세 개의 발달 영역별 아동의 학습과 발달에 근본이 되는 '중심축 행동(Pivotal Behaviors)'의 개념과 주요사항을 간단히 설명하고 있다. 논의점은 중재 회기 동안 부모가 RT 전략을 잘 수행할 수 있도록 격려하고, 아동의 중심축 행동 중재 목표의 의미와 중요성을 명확히 하는 데 사용할 수 있는 핵심적인 정보를 준다. RT 중재 회기 계획은 반복 회기를 제외한 모든 회기에서 새로운 논의점을 사용하도록 설계되었으며, 논의점을 통하여 부모가 중재가 진행되는 동안 관심과 참여 동기를 부여하고 아동과 일상적인 상호작용에서 RT를 잘 진행하도록 지원하는 정보를 제공한다.

2) 반응성 상호작용 전략(RIS)

RT는 1장에 기술한 바와 같이 66개의 RIS로 구성되었다. RIS는 부모가 아동과 상호작용을 변화시키고 점검하는 데 사용할 수 있는 간단한 제안이나 주의 사항으로서 부모의 상호작용의 질을 개선하여 아동의 중심축 행동 중재 목표를 촉진하도록 돕는다. 각 RT 회기 계획에서는 아동의 중심축 행동 중재 목표를 촉진하기 위해 부모가 사용해야 하는 RIS에 대해 자세히 설명한다(〈표 2-3〉 참조). 이러한 설명에는 전략에 대한 현장 검증 기반, 전략에 수반되는 내용에 대한 설명, 전략을 학습하기 위한 몇 가지 실제 제안 사항이 포함된다. 중재자가 RIS를 소개하는 시간에는 ① 전략을 식별하기 위해 정확한 번호를 사용하고, ② 전략이 수반하는 바를 자신의 말로 설명하며, ③ 하나 이상의 RIS 실행 제안을 주어 일상에 통합하도록 코칭한다.

RT에 포함된 RIS는 반응성 상호작용의 다섯 가지 차원, 즉 상호성, 수반성, 비지시성, 애정 및 발달적 조화를 촉진하기 위해 고안되었다. 반응성 상호작용 전략은 매우 다양한 차원으로 만들어졌으며, 각 범주별 동일한 상호작용 차원을 설명하는 여러 개의 전략을 제공한다. 중재자들은 여러 개의 전략을 적절하게 선택하며 부모가 반응적인 상호작용 행동을 배우고 사용하도록 지원한다. 예를 들면, '놀이 상대자로서 행동하기' '재미있게 상호작용하기' '일상적인 일을 놀이로 전환하기'는 어른이 아동과 즐겁게 상호작용하는 것의 중요성을 강조하는 전략들이다. 이 전략들은 동일한 반응성 차원을 촉진하며 동일한 정보를 설명하는 세 가지 다른 방법들이다. 모든 RIS를 사용할 필요는 없지만, 부모나 교사가 특정 반응성 상호작용 차원을 이해하는 데 어려움을 겪을 때, 여러 회기를 거쳐 동일 차원의 다양한 전략을 사용해 봄으로써 부모나 교사의 반응성 능력을 향상시킬 수 있다.

RIS는 부모가 아동과 함께 하면서 반응성을 높이는 데 매우 유용하다. 첫째, RIS는 집중해야 할 특정한 반응성 행동을 제시한다. RIS는 중재자가 궁극적 목표를 성취하기 위해 단계별로 조금씩 더 반응적이도록 제공하여 부모가 점차적으로 더 잘 반응할 수 있도록 돕는다. 둘째, RIS는 기억하기 쉽기 때문에 부모가 아동과 놀이를 하거나 상호작용하면서 전략을 생각하기에 어렵지 않다. 셋째, RIS는 부모가 아동과 현재 어떻게 상호작용하고 있는지에 대한 피드백을 주고 구체적인 목표를 제시할 수 있는 근거가 될 수 있다.

RIS는 능동적 학습 원리에 기초한다. RIS는 부모가 아동과 상호작용하는 자연스러운 유형이며 또한 반응성 상호작용의 질을 설명하고 있다. RIS를 사용하면서 부모는 반응성이 아동의 사회적 참여 능력에 미치는 영향을 스스로 발견하고, 이러한 경험을 통해 부모는 아동과 경험하는 다양한 형태의 상호작용 속에서 의미를 찾고 중요성을 인식하게 된다. 그러면서 부모는 점차 구체적으로 상호작용에서 RIS를 적용해 보고자 하는 동기를 가지게 되고 결국에는 반응성 유형을 일상에서 습관적으로 사용하게 된다.

표 2-3 RIS 예시: 한 번 하고 아동의 차례 기다리기

★ 한 번 하고 아동의 차례 기다리기란 무엇인가?

한 번씩 번갈아 하는(take one turn) 상호작용은 그것이 언어적이든 비언어적이든 간단하고 독립적인 행동이나 의사소통이 되도록 각자의 상호작용 차례의 길이를 줄여야 한다. 따라서 부모는 자신의 차례를 마친 후에 아동이 수행할 때까지 5~7초 정도 기다려 준다. 부모는 기다리면서 아동의 차례를 기대하고 있다는 것을 명백히 드러나도록 표현하는 것(예: 눈썹 추켜올리기, 입 벌려 보이기, 손 뻗기) 이외에는 아무것도 하지 말아야 한다.

실행사항

- 아동이 하는 수행은 언어적 의사소통뿐 아니라 비언어적 의사소통과 행동일 수도 있다. 아동과 함께 놀이할 때 부모는 한 번 행동하거나 말하고 나서 아동이 할 수 있는 방식대로 의사소통할 때까지 기다린다.

- 아동이 자기 차례를 수행하는 데 시간이 얼마가 걸리는지를 알아보기 위해 약 5~7초 동안 기다리면서 시험해 본다. 이때 상호작용을 중단하거나 종료시킬 만큼 너무 오랫동안 기다리지는 말아야 한다.
- 만일 아동이 부모가 차례를 수행할 때까지 기다려 주지 않는다면 부모는 자신의 차례를 마칠 때까지 부드럽게 아동을 제지하면서 기다리도록 한다.
- 부모는 아동이 무엇인가를 할 때까지 '기다리면서' 아동이 상황을 주도하고, 창의적인 반응을 만들 시간을 준다.
- 상반되는 두 가지 방식으로 아동과 함께 놀이한다. ① 부모가 모든 행동과 의사소통을 주도하면서 놀이한다. ② 아동이 상호작용하기를 기다리면서 놀이한다. 두 가지 유형에 대한 결과를 주의 깊게 살펴본다. 아동은 첫 번째 방식으로 진행되는 상황보다 두 번째 상황에서 더욱 오랫동안 주의 집중하며 상호작용을 유지한다.

3) 가족행동계획(FAP)

가족행동계획(Family Action Plan: FAP)은 RT의 가장 중요한 구성 내용이라고 할 수 있다. 중재 회기 동안 매우 효과적으로 부모가 모든 것을 이해하고 RT 전략을 잘 구현했다고 하더라도, 부모가 RIS를 일상에서 자연스럽게 적용하지 않는다면 RT 중재는 아동의 발달 기능에 영향을 미치지 못할 것이다. **가족행동계획은 각 중재 회기 마지막에 수립되는 후속 계획이며 부모가 주도하는 중재 영역이다.** 부모에게 정보를 주고 RIS를 수행하게 하였다면 이를 어떻게 적용할지 판단하는 것은 부모에게 달렸다.

FAP 활동은 구체적으로 부모가 RT를 이해하고, 받아들이고, 적용하는 것들을 포함한다. FAP에는 부모가 무엇을, 언제, 어디서, 얼마의 기간 동안에 할 것인지를 상세히 명시해야 한다(〈표 2-4〉 참조). FAP는 명백하고 구체적인 제안과 주지 사항으로 구성한다(예: 기저귀를 갈 때 아동의 행동과 의사소통 모방하기, 또는 목욕 시간 동안 한 번 하고 아동의 차례 기다리기). FAP는 부모와 아동의 자연스러운 일상 환경에서 RIS를 적용하도록 함으로써 아동발달에 미치는 RT의 효과를 증진시킨다.

표 2-4 가족행동계획(FAP) 예시

가족행동계획(FAP)
무엇을:
• 인지영역의 주도성을 촉진하기 위해 '아동의 주도에 따르기' 전략을 실행해 보세요. • 이 전략을 사용할 때 아동이 어머니에게 어떻게 반응하는지 주의 깊게 관찰해 보세요. • 실행 시간은 한 번에 3~5분 정도로 일상에서 자주 적용해 보세요.

- 주도성이 아동발달에 미치는 영향에 대해 배우자와 이야기해 보세요.
- 배우자가 RT에 대해 가지는 의문사항을 기록해 두었다가 다음 방문 때 함께 이야기해 보아요.

어디서/ 언제:

- 아침에 아이를 등원시킬 때, 집안일을 마치고 나서, 또는 아동과 자유롭게 놀이하는 시간 동안 RT 전략을 수행해 보세요.
- 한 주간 동안 적어도 2~3번 정도 '아동의 주도에 따르기' RT 전략을 수행해 보도록 하세요.

장애물 해결 방안:

- 아버님이 RT에 대해 불안감을 가지고 있다면, 부모와 중재자가 함께 만날 수 있는 시간을 계획해서 RT의 이론적 근거에 대해 이야기를 나누어 볼 수 있습니다.

가족행동계획 시 유의 사항

- 만일 부모가 아직 RT 접근의 효과에 대한 믿음이 없다면 ① RT 중재 회기 동안 제시된 정보에 관하여 고민해 보기, ② 배우자 또는 다른 사람들과 RT 중재에 관해 이야기하기, ③ 다른 상황에서 아동 행동 관찰하기와 같은 활동을 실행해 보기를 적용해 볼 수 있다.
- 부모가 이제 막 RT 전략을 배우기 시작했다면, ① 놀이 활동 중 전략 실행하기, ② 일상적인 상호작용 중에 전략 통합하기 등을 실행해 볼 수 있다.
- 부모가 아동과 반응성 상호작용의 기회를 늘리고 싶다면, ① 다른 사람(배우자, 형제, 친척 등)이 RT 전략을 사용하도록 가르치기, ② 아동이 관여하고 있는 다른 전문가와 RT 중재 프로그램에 대해 이야기하기를 실행해 볼 수 있다.

4) 중재 목표 평가

RT 중재에서 중요한 고려 사항 가운데 하나는 계획한 목표를 얼마만큼 달성하였는지를 판단하는 것이다. RT에서 일차적인 목표는 RT 중재 목표로 선정된 중심축 행동을 아동이 더욱 많이 사용하게 하는 것이다. 부모가 아동과 함께 지내면서 사용하도록 권장되는 RIS들은 아동에게 목표로 주어진 중심축 행동을 촉진하기에 적합하기 때문에 선정된 것이다. 따라서 부모가 RIS를 사용하는 것이 실제로 아동의 중심축 행동을 얼마나 촉진하는지를 주기적으로 평가한다.

중심축 행동 프로파일(Pivotal Behavior Profile)은 아동의 중심축 행동 목표의 진행 상태를 평가하는 도구이다. 이 프로파일은 RT에서 설명하는 15개의 중심축 행동에 대한 평

표 2-5 사회적 놀이 중심축 행동 프로파일 예시

사회적 놀이

아동은 다양한 상황에서 상대방과 상호적으로 놀이하는가? 아동의 놀이는 상대방이 활동에 참여한 만큼 하는 '주고받기'식이라고 특징지을 수 있는가? 아동은 놀이를 하는 동안에 상대방의 활동을 인식하는가?

어느 정도인가?

10=매우 높음 거의 항상 상호적인 놀이 활동에 참여한다. 다른 사람의 행동을 관찰하고 내 차례가 되면 활동에 참여한다. 이런 측면에서 놀이는 호혜적인 상호작용으로 특징지을 수 있다.

5=중간 정도 때때로 상대방과 놀이하는 경우에 흥미가 있고, 함께 상호작용하는 시간의 절반 정도는 호혜적으로 상호작용에 참여한다. 또한 함께하는 시간의 절반 정도는 얼굴을 마주 보며 대하고 여러 유형의 의사소통을 시도해 본다. 즉, 상대방과 함께하는 시간의 절반 정도는 각기 공동활동에 참여한다.

1=매우 낮음 결코 다른 사람과 함께 놀이하지 않는다. 혼자서 놀이하거나 상대방과 평행적으로 놀이하는 것을 좋아한다. 평행 놀이로 상대방을 무시하며, 상대방과 함께 놀이하고자 하는 시도를 항상 인식하지 못한다.

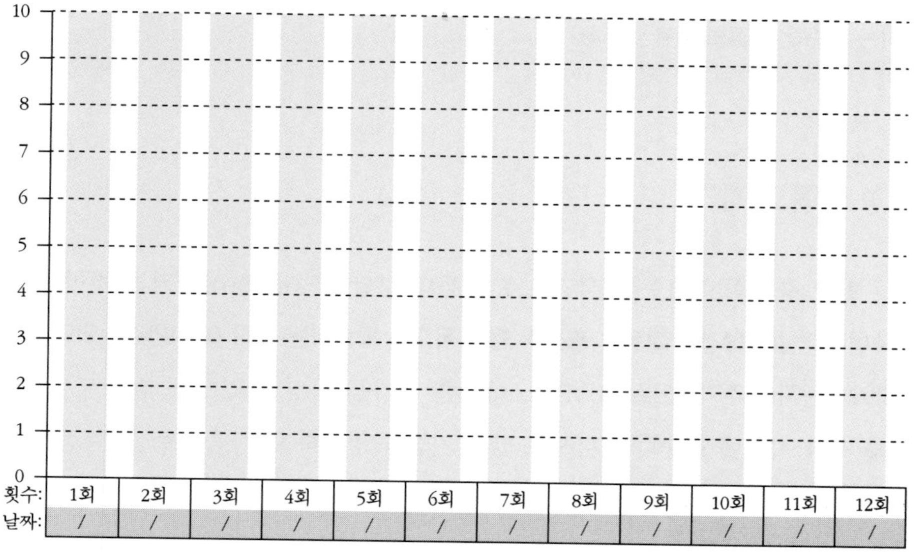

출처: 김정미 역(2021). RT 반응성 교수 교육과정. 제4부 교육과정 자료 3 참조.

정 척도로 구성되어 있으며, 각 항목별로 아동이 중심축 행동을 얼마나 잘 사용하는지에 대해 10점 척도로 평가한다(1=매우 낮다, 10=매우 높다).

〈표 2-5〉에 제시한 중심축 행동 척도에 나타난 바와 같이, 중심축 행동과 기준이 명확하고 이해할 수 있는 언어로 표현되어 있으며 자기평가로 수행한다. **중심축 행동 프로파일은 부모와 전문가가 주기적으로 아동의 행동을 평가할 수 있도록 계획되었다**(김정미 역, 2021, pp. 179-195).

중심축 행동 중재 목표 평가는 어떻게 하는가?

RT 수행 중 중재의 영향을 주기적으로 평가한다. 중심축 행동 중재 목표를 평가하는 시점은 다음과 같다.

- 중심축 행동 중재 목표를 실시하는 처음 시점
- 부모가 중심축 행동 촉진을 위해 설계된 중재 회기 단계를 완료한 후
- 중재 중 RT 중재 효과 평가를 위한 주기적 상담 시[1)]

이러한 평가를 통하여 사전 아동의 중심축 행동 사용 수준을 사정하고, 중재 후 중재의 목표로 선정된 중심축 행동이 얼마나 변화되었는지를 판단한다. 그리고 평가 결과는 부모에게 아동이 현재 중심축 행동 수행 수준과 그리고 아동이 이후 성취할 수 있는 중심축 행동 수준을 이해시키는 데 유용한 정보를 제공한다.

5) 중재 목적 평가

조기 발달 중재의 목표는 궁극적으로 아동의 발달 기능을 향상시키는 것이다. 이에 부합하며 **RT 중재에서는 아동의 중심축 행동 목표를 달성하는 것이 아동발달에 의미 있는 변화를 가져왔는지를 주기적으로 평가한다.** 이러한 평가를 타당성 있게 수행하기 위해서는 ① 중재 시작 시기에 표준화된 검사로 발달 기능을 평가하고, 다음으로 ② 일정 기간 중재가 진행된 후에 동일한 표준화된 검사를 다시 실시하는 것이다. 재평가는 중재가 시작

1) 한국에서는 RT 중재 목표 확인을 위해 약 4주마다 주기적 평가를 한다.

된 후에 6개월 이내에 실시하고 이후 약 1년 주기로 실시하는 것이 좋다. 〈표 2-6〉에는 RT 목표 달성을 평가하는 데 사용할 수 있는 몇 가지 표준화된 평가 도구를 나열하였다.

RT 중재 효과는 단순히 아동이 배운 새로운 인지, 의사소통 또는 사회정서 행동이나 기능의 수치로만 나타나는 것이 아니라, 아동이 중재에 참여하지 않았을 때 더 큰 변화가 있었을지에 의해서도 나타난다. 표준화된 발달 검사는 이러한 결정을 내리는 데 좋은 자료를 제공하며, 아동이 만들어 낼 수 있는 놀이, 의사소통, 사회정서 행동 정도뿐 아니라 아동이 이러한 행동을 사용하는 방법에 관한 정보도 제공한다. 백분율이나 발달지수와 같은 표준화된 검사 점수는 같은 또래의 다른 아동과 아동의 현재 의사소통 능력을 비교하는 지표를 제공한다. RT 중재를 하는 동안 전후에 걸쳐 표준화된 발달 검사를 수행할 때, 이러한 평가 결과의 비교는 아동이 학습한 기술과 행동이 발달 기능을 얼마나 변화시켰는지를 가늠할 수 있도록 한다.

예를 들어, 중재 초기에 시행된 표준화된 의사소통 검사 점수가 동일 연령의 아동과 비교했을 때 백분율로 50%의 수행률을 나타내었는데, 12개월간의 중재 후 시행된 동일한 검사에서 65%의 수행률을 나타냈다면, 두 검사 점수의 비교는 중재를 통하여 아동의 의사소통 능력이 개선되었음을 나타내는 것이다. 따라서 아동이 참여한 의사소통 중재는 의사소통 목표를 달성하는 데 효과적이었음을 의미한다.

표 2-6 RT 목적 평가를 위한 표준화 평가 도구

인지/전반적 발달
• 베텔발달검사(Newborg, 2004)
• 베일리 영아 발달검사 3판(Bayley, 2006)
• 아동발달검사(Ireton, 2005)
• 스탠포드-비네 지능검사(Roid, 2003)
의사소통/언어 발달
• 수용/표현언어 검사 3판(Bsoch, League, & Brown, 2006)
• 덴버발달선별검사(Frankenberg & Dobbs, 1990)
• 바일랜드 적응행동척도 2판(Sparrow, Cicchetti & Balla, 2005)
사회정서 발달
• 아동행동체크리스트 1 1/5-5(Achnbach & Rescorla, 2000)
• 영유아 사회정서검사(Carter & Briggs-Gowan, 2006)
• 기질 및 비전형행동 척도(Bagnato, Neiswoth, Salvia, & Hunt, 1999)
• 바일랜드 영유아 사회정서 척도 검사 평가(Sparrow, Balla, & Cicchetti, 1998)

한국에서는 RT 목적 평가를 위해 '영유아발달 3D 진단 모형'(김정미, 2009)을 적용하여 아동발달, 부모 특성, 부모-아동 상호작용의 3차원 통합적 발달 평가를 적용한다.

표 2-7 RT 목적 평가를 위한 영유아발달 3D 진단 모형 평가 도구

아동발달
• K-CDI 아동발달검사(김정미 역, 2010; 원저, Ireton, 1992) • K-CDI 영아발달검사(김정미, 2023) • K-TABS 영유아기질 및 비전형 행동 척도(김정미 역, 2021; 원저, Neiswoth, Bagnato, Salvia, & Hunt, 1999) • CIBT 아동상호작용검사(김정미, 2018)
부모 특성
• K-PSI-4-SF(정경미, 이경숙, 박진아 공역, 2020; 원저, Abidin, 2012) • PCT 부모양육특성검사(김정미, 2018)
부모-아동 상호작용
• K-MBRS 부모상호작용행동척도(김정미, 제럴드마호니, 2021) • K-CBRS 아동상호작용행동척도(김정미, 제럴드마호니, 2021) • IBS 부모아동상호작용검사(김정미, 2018)

그러나 중재 초기에 아동의 의사소통 기능이 백분위 점수 50% 수준이고 12개월 중재 후 검사 결과에서 50% 이하의 점수로 나타났다면, 중재는 아동의 의사소통 발달을 향상시키지 못한 것이다. 이러한 결과는 중재가 아동의 의사소통 능력을 개선하려는 목표에 바람직한 영향을 미치지 못하고 있음을 나타내는 것이다.

6) 중재 회기 계획

RT 중재에서는 중재의 목표로서 15개 중심축 행동을 다루는 회기 계획을 제공한다. 각 회기 계획에는 중심축 행동 목표를 제시하고, 부모들이 아동의 중심축 행동 중재 목표가 아동발달에 어떤 영향을 미치는지에 대한 설명글로서 2~5개의 논의점, 그리고 중심축 행동 중재 목표를 촉진하기 위해 적합한 2~5개의 RIS를 포함한다. 각 회기 계획에 포함된 RIS는 4단계의 회기 계획을 거쳐 부모가 5범주의 반응성 상호작용 행동을 증진하도록 계획되었다.

각 중심축 행동에는 4개 단계별 회기 계획이 있다.

- Level 1. 기본 단계 회기 계획: 1단계 회기 계획에서는 목표로 한 중심축 행동을 부모에게 소개한다. 이 회기 계획은 ① 중심축 행동에 대한 정의 기준과 아동의 중심축 행동이 발달 학습 요구와 어떻게 관련이 있는지를 설명하기 위한 논의점을 설명하고, ② 이러한 중심축 행동의 성과를 평가하기 위해 부모에게 '중심축 행동 프로파일'을 평가하도록 한다. 그리고 ③ 부모가 아동의 중심축 행동 사용을 촉진하기 위해 사용할 수 있는 2~5개의 기본 RIS를 제시한다. '기본 RIS'는 이전의 중심축 행동 중재 목표에서 제시되었던 RIS들로 구성한다.
- Level 2. 핵심 단계 회기 계획: 2단계 회기 계획에는 ① 중심축 행동 중재 목표의 정의를 검토하고, ② 아동발달에 있어 중심축 행동이 수행하는 역할을 설명하는 '핵심 단계 논의점'을 제공한다. 그리고 ③ 중심축 행동을 촉진하는 데 중심 역할이 되는 2~4개의 '핵심 RIS'를 포함한다.
- Level 3. 심화 단계 회기 계획: 3단계 회기 계획에서는 ① 아동의 중심축 행동 목표를 검토하고, ② 부모들이 중심축 행동의 중요성과 RIS가 이러한 중심축 행동에 미치는 영향에 대한 이해를 개선하는 데 도움이 되는 '심화 단계 논의점'을 제공한다. 그리고 ③ 중심축 행동을 촉진하는 부모의 능력을 더욱 향상시킬 수 있는 1~3개의 '심화 RIS'를 제시한다.
- Level 4. 복습 단계 회기 계획: 4단계 회기 계획에서는 ① 아동의 중심축 행동 중재 목표의 정의 및 특성을 검토하고, ② 이전에 제시된 중심축 행동에 대한 핵심적인 논의점을 강조하고, ③ 중심축 행동에서 권장된 모든 RIS를 재고찰한다. 그리고 ④ 부모가 아동의 중심축 행동을 평가하도록 요청한다(예: 중심축 행동 프로파일).

4개 단계별 회기 계획은 각각 한 번 부모에게 제시될 수 있다. 각 단계의 계획이 이전에 제시되지 않았거나 또는 제시된 정보나 전략을 이해하는 데 심각한 어려움이 있는 경우에만 한 회기 계획을 두 번 이상 제시할 것을 권고한다.

각 회기 계획에 포함한 중재 활동은 단계별 중복성이 있기 때문에 반드시 한 단계를 완수한 후에 다음 단계로 넘어갈 필요는 없다. 4개 단계별 회기 계획의 1차 목적은 세 개 단계의 회기 계획에서 권장된 핵심 정보와 모든 RIS를 검토하는 것이다.

RT 중재 회기 계획은 아동의 중심축 행동 중재 목표를 실행하기 위해 부모가 RIS를 수행하여야 하며, 이러한 RIS를 수행하기 위한 지식과 기술을 습득하도록 단계적으로 구성되었다. **RT 중재 회기 계획을 사용할 때 가장 중요한 고려사항은 아동의 발달 기능을 이해하고 가장 관련된 중심축 행동 목표를 선택하는 것이다.**

RT 중재 대상

RT는 가족 중심 접근의 관계기반 발달 중재 프로그램으로서 RT중재 상황은 치료사(또는 교사)와 아동뿐만 아니라 반드시 부모 참여로 이루어진다. 즉, 부(또는 모)-아동-치료사 삼자가 중재 회기 동안 함께 참여하여 운영된다. RT 중재에서는 아동과 부모가 모두 중재 대상이며, RT 중재사는 아동과 부모를 동시에 우선 순위로 중재 회기를 운영한다.

RT는 만 6세 이하 아동의 정신건강 문제 또는 행동 문제를 가진 아동 집단과 입양 아동 집단을 대상으로 그 효과를 검증하였다. 아동에게 주로 나타나는 정신건강 문제, 행동 문제 또는 사회정서적 문제는 자폐스펙트럼장애 아동에게서 나타나는 문제와 대부분 비슷하였다. 부모의 반응성은 다양한 배경이 원인이 되는 아동의 사회정서적 기능과 관련되기 때문에, RT는 자폐스펙트럼장애 또는 사회정서적 문제를 보이는 영유아기 아동에게 매우 긍정적 효과적으로 나타났다.

한편, 입양 아동을 대상으로 한 RT 효과 검증은 RT가 예방적 차원의 중재 프로그램으로서 유용함을 나타내었다. 대부분의 입양 아동은 심각한 발달 문제나 사회정서적 문제를 가지지 않지만, 이후 이러한 발달 문제로 발전될 위험이 있다 따라서 연구 검증 결과, RT는 현재 취약한 발달 문제를 가지지 않았지만 잠재위험 요소를 가진 대상 아동들의 발달 또는 사회정서적 문제를 예방할 수 있다.

RT는 선행연구를 통해 다양한 아동과 부모 집단을 대상으로 타당성을 입증하였다. 더불어 RT는 아동에게 발달 문제가 있든 혹은 특별한 문제가 없든지에 상관없이 모든 아동을 대상으로 하는 아동발달 프로그램에 적용할 수 있다.

요약

이 장에서는 조기 중재 및 기타 관련 서비스에 필요한 IFSP 또는 IEP의 요건에 부합하여 RT 프로그램을 계획하는 방법을 설명하였다.

- RT 중재 목적은 인지, 의사소통 및 사회정서 영역 발달 기능을 향상시키는 것이다. 중재 목적에 관한 아동의 변화 정도는 매년 또는 6개월마다 표준화된 검사를 사용하여 주기적으로 평가한다.

- RT 중재 목표는 발달 학습의 기초가 되는 중심축 행동이다. 중심축 행동은 아동발달 이론에서 아동의 발달 성장의 기초가 되는 학습 활동으로 확인된 것들로써 어린 시기부터 스스로 만들어 낼 수 있는 행동들이다. RT 중재의 목표는 아동이 자연스러운 환경에서 일상적인 활동 중에 이러한 중심축 행동을 사용하는 빈도를 증가시키는 것이다.

- RT 중재 목표로서 아동의 중심축 행동 목표 성취는 중심축 행동 프로파일을 통해 평가한다. 부모와 전문가는 각 중심축 행동에 대해 1~10점 평가 척도로 중재 목표로 택한 중심축 행동의 현재 사용 정도를 평가한다.

- RT에는 세 가지 중재 활동이 수반되며, 내용은 다음과 같다.
  - **논의점**(DT): 아동의 중재 목표로서 택한 중심축 행동의 중요성을 부모에게 이해시키기 위해 사용한다.
  - **반응성 상호작용 전략**(RIS): 부모에게 다양한 차원의 반응성 상호작용을 배우고 강조하도록 코칭하기 위해 사용한다.
  - **가족행동계획**(FAP): 부모가 중재 회기의 내용을 어떻게 이행해야 하는지를 설명한다.

- 각 15개의 중심축 행동 중재 목표에 대해 RT는 논의점, 반응성 상호작용 전략, 그리고 중재 활동 평가로 구성된 4개 단계별 중재 회기 계획을 포함한다. 주기적으로(주 1회) 부모-아동 중재 회기에 사용하도록 설계되었으며, 단계별 회기 계획은 부모가 중재 목표를 명확히 이해하고 중심축 행동 목표를 촉진하는 RIS 사용을 권장하고 지원한다.

chapter 03

인지 영역의 RT 중재 회기 계획

1. 중심축 행동(PB): 사회적 놀이
2. 중심축 행동(PB): 주도성
3. 중심축 행동(PB): 탐색
4. 중심축 행동(PB): 실행
5. 중심축 행동(PB): 문제해결

다음에서는 아동의 인지 능력을 향상시키기 위해 RT가 목표로 하는 각 5개 중심축 행동에 대해 4개 단계의 RT 중재 회기 계획을 제시하고, 각 단계에서 사용되는 논의점(DT)과 반응성 상호작용 전략(RIS)에 대해 설명하였다. RT 중재사는 각 중재 회기 계획을 실행하기 전에 중심축 행동 목표를 검토해야 하며, RT 중재 회기 계획은 별도 양식(RT 중재 회기 계획과 중재 양식)[1]을 이용하여 기록한다. RT 중재 회기 계획과 중재 양식은 인지 영역에 해당하는 5개 중심축 행동 중재 목표와 각 4개 단계의 회기 계획을 설명하는 논의점을 제공한다.

인지 영역의 RT 중재 회기 계획 개요

1. 중심축 행동(PB): 사회적 놀이
   - **Level 1.** 기본 단계
   - **Level 2.** 핵심 단계
   - **Level 3.** 심화 단계
   - **Level 4.** 복습 단계

2. 중심축 행동(PB): 주도성
   - **Level 1.** 기본 단계
   - **Level 2.** 핵심 단계
   - **Level 3.** 심화 단계
   - **Level 4.** 복습 단계

3. 중심축 행동(PB): 탐색
   - **Level 1.** 기본 단계
   - **Level 2.** 핵심 단계
   - **Level 3.** 심화 단계
   - **Level 4.** 복습 단계

4. 중심축 행동(PB): 실행
   - **Level 1.** 기본 단계
   - **Level 2.** 핵심 단계
   - **Level 3.** 심화 단계
   - **Level 4.** 복습 단계

5. 중심축 행동(PB): 문제해결
   - **Level 1.** 기본 단계
   - **Level 2.** 핵심 단계
   - **Level 3.** 심화 단계
   - **Level 4.** 복습 단계

1) 한국에서는 'RT 중재 회기 계획과 진행 기록표'를 이용하여 매 회기 사용되는 논의점과 반응성 상호작용 전략을 기록한다(김정미 역, 2021. RT 반응성 교수 교육과정. 제4부 교육과정 4 참조).

① 중심축 행동(PB): 사회적 놀이(Social Play)

회기 목표

이번 회기의 목표는 사회적 놀이가 아동의 놀이와 인지발달 향상을 위해 지속적으로 해야 하는 중요한 행동임을 설명하는 것이다. 또한 아동이 사회적 놀이에 참여하고 부모가 일상에서 통합할 수 있도록 가르치는 데 효과적인 RIS를 배울 것이다.

사회적 놀이란

- 아동과 부모나 교사는 서로 조화로운 상호작용을 한다.
- 아동과 부모나 교사는 서로 놀이를 하는 동안 서로를 인식하며 상호작용한다.
- 아동은 부모나 교사와 함께하면서 사회적 놀이 시간이 점차 증가한다.
- 아동은 다양한 상황에서 빈번히 놀이적인 사회적 상호작용의 기회를 가진다.

Level 1. 기본 단계

사회적 놀이의 기본 논의점

- **아동은 일상적인 상호작용에서 부모나 교사와 자주 놀이하고 상호작용할 때 가장 잘 배운다. 아동이 잘 발달하는가는 어떻게 아동과 놀아 주고 의사소통하는가와 관련이 있다.** 많은 연구는 부모와 아동이 함께하는 사회적 놀이가 아동의 학습과 발달에 미치는 영향력은 25% 정도에 이른다고 보고하고 있다. 부모가 자녀의 발달에 미치는 영향력은 유치원, 보육기관, 특수교육, 심리치료 또는 특별한 학습 목적을 가지는 장난감이나 교구보다 훨씬 더 크다. 아동의 발달 정도는 단순히 아동의 학습 능력만이 아니라 아동이 놀이를 하거나 다른 사람과 상호작용을 하는 동안 부모나 다른 어른이 아동에게 제공하는 지원이나 지침에 따라서도 영향을 받는다.

- **아동발달에 미치는 부모의 영향력은 아동이 놀이할 때 부모가 무엇을 하는가보다는 부모가 얼마나 많이 아동에게 반응해 주는가와 더 밀접한 관계가 있다.** 반응적인 사회적 놀이란 부모가 아동과 균형 있게 '주고받기'식의 활동에 참여하는 것을 의미하는데, 부모가 참여하는 만큼 아동을 놀이에 참여시키는 것이 중요하다. 부모는 아동의 발달을 촉진하는 데 다음과 같은 두 가지 중요한 역할을 한다. 첫째, 아동이 하고 있는 것과 관련된 지침, 제안, 정보를 제공하는 것이다. 둘째, 아동이 흥미로워하는 활동을 시작하고 지속할 수 있도록 지지하고 격려하는 것이다. 두 가지 역할은 모두 중요하지만, 무엇보다 중요한 것은 반응적이고 지지적인 놀이 상대자가 되어 주는 것이다.

- **일상생활 중에 일어나는 빈번하고 짧은 부모-아동 놀이 에피소드는 아동의 발달 성장을 지원하고 증진하는 데 가장 좋은 요소이다.** 아동과 하루에 여러 번 놀아 주는 부모는 하루에 한두 번 놀아 주는 부모보다 아동의 학습과 발달에 긍정적인 영향을 미칠 가능성이 훨씬 크다. 이러한 놀이 에피소드는 길지 않아도 되며, 한 번에 5분 미만으로 유지되어도 좋다. 또한 이러한 놀이 활동에 장난감이 없어도 되며, 재미있고 즐거

운 활동이라면 어떤 종류의 활동도 가능하다. 예를 들어, 아동에게 음식을 먹이고, 옷을 갈아 입히고, 목욕을 시키거나, 소리나 동작을 주고받는 것과 같은 일상적인 활동은 재미있고 상호적인 사회적 놀이를 위한 좋은 기회가 될 수 있다.

- 부모의 놀이 또는 의사소통 유형은 발달 문제를 가진 아동(예: 자폐스펙트럼장애, 다운증후군 등)이나 전형 발달 아동 모두에게 동일한 영향력을 가진다. 발달장애는 아동의 학습 능력과 발달 능력에 영향을 미칠 수 있지만 중요한 것은 부모와 얼마나 자주 어떻게 상호작용을 하느냐이다. 때로는 아동의 장애로 인하여 부모와 함께 노는 것에 대한 흥미가 적을 수 있다. 이때 부모는 아동이 가능한 한 자주 사회적 놀이에 참여하도록 하고 함께 놀이하는 것에 흥미를 높이기 위해 매우 각별히 반응적이고 지지적인 노력을 할 필요가 있다.

사회적 놀이를 촉진하는 기본 RIS

아동의 사회적 놀이를 증진하기 위한 전략들이다. 아동과 함께하는 일상생활 중에 통합하여 자주 적용한다.

113	아동의 세계로 들어가기
114	거울처럼 그대로 반영해 주고 평행 놀이를 하면서 함께 활동하기
421	놀이 상대자로서 행동하기

출처: 김정미 역(2021). RT 반응성 교수 교육과정. 학지사. 제4부 교육과정 자료 6 참조.

Level 2. 핵심 단계

사회적 놀이의 핵심 논의점

- 부모와 함께하는 사회적 놀이는 발달 학습의 핵심이다. 아동은 놀이에 참여하면서 인지 성숙을 촉진하는 데 필요한 정보와 이해를 습득한다. 아동심리학자 피아제(J. Piaget)는 놀이가 어떻게 '아동의 일(children's work)'로 대변되는지에 관하여 설명하였다. 피아제는 아동이 하는 놀이, 행동, 즉 입에 넣기, 두드리기, 사물을 용기 안에 넣었다가 꺼내기, 사물을 일렬로 늘어놓기, 가장놀이 등과 같은 단순한 행동이 아동에게 세상을 배우고 이해하는 데 도움이 된다는 사실을 관찰하였다.
  아동의 학습과 발달을 도울 수 있는 가장 좋은 방법은 부모가 아동과 함께 사회적 놀이에 참여하는 것이다. 사회적 놀이는 다음 두 가지 측면에서 유용하다. 첫째, 사회적 놀이는 보다 자주, 그리고 긴 시간 동안 놀이에 참여하도록 지원하여 아동의 학습 기회를 증가시킨다. 둘째, 사회적 놀이는 아동의 놀이의 질을 높여 준다. 부모가 사회적 놀이에 참여하면서 제공하는 정보나 지침은 아동에게 더욱 풍부한 학습 경험을 갖도록 해 준다.

- 아동은 스스로 우연히 발견하는 정보만을 학습한다. 아동의 놀이는 현재 아동이 이해하는 세계를 반영한다. 어린 아동들은 제한된 수단으로 정보를 모으고 세상을 이해하기 때문에 사물과 활동을 이해하거나 지각하는 방식은 이러한 제한된 수단을 가지고 하는 경험에 기초를 둔다. 예를 들어, 사물을 입에 넣는 영아는 그러한 사물의 감각적 특성(모양, 색깔, 무게, 맛, 감촉 등) 면에서 사물을 지각하고 이해한다. 발달 학습은 아동이 놀면서 우연적으로 발견하는 것에서부터 점차 발전해 간다. 부모가 아동의 놀이에 참여하지 않는다면 아동의 발견은 느리게 이루어진다. 부모는 아동의 행동, 의도, 의사소통과 직접 관련된 지침과 제안을 줌으로써 아동이 새로운 정보를 발견하도록 돕는다. 부모가 아동이 보고 있는 것, 하고자 하는 것, 또는 의사소통하려는 것에 맞추어 정보를 줄 때, 아동은 이러한 정보를 쉽게 발전시켜 가며 더 높은 수준의 발달 기능을 성취하게 된다.

사회적 놀이를 촉진하는 핵심 RIS

아동의 사회적 놀이를 증진하기 위한 전략들이다. 아동과 함께하는 일상생활 중에 통합하여 자주 적용한다.

312 아동의 행동과 의사소통을 모방하기
121 한 번 하고 아동의 차례 기다리기
412 기대하며 수행을 기다리기

출처: 김정미 역(2021). RT 반응성 교수 교육과정. 학지사. 제4부 교육과정 자료 6 참조.

Level 3. 심화 단계

사회적 놀이의 심화 논의점

- 반응적인 사회적 놀이는 아동의 놀이 지속 시간을 향상시킨다. 부모는 아동의 반응 놀이 상대자가 되어 아동이 하는 모든 행동을 수용하고, 재미있는 상호작용을 하며, 아동과 주고받으며 오가는 행동을 변화시켜 보며 상호작용을 흥미롭게 유지함으로써 아동의 놀이 지속 시간을 향상시킨다.

- 반응적인 사회적 놀이는 아동이 할 수 있는 다른 행동을 생각하도록 도와준다. 부모는 아동이 하고 있는 행동을 약간 변형하여 보여 줌으로써 아동이 다르게 할 수 있다는 것을 생각하게 한다. 예를 들어, 아동이 장난감 트럭을 앞뒤로 정렬하는 반복적인 양상을 보이는 경우 부모는 트럭 이외의 물체를 끼워 넣어 보거나 트럭의 방향을 반대로 해 보며 이 양상을 약간 변형해 볼 수 있다.

- 반응적인 사회적 놀이를 하면서 아동은 사회적 관계를 배운다. 사회화는 아동이 자신의 감정, 필요, 관심사를 표현함으로써 다른 사람에게 영향을 미치는 방법을 배울 뿐만 아니라, 미소, 발성, 그리고 공동 놀이 활동 같은 다른 사람들의 사회적 표현에 반응하는 방법을 배운다. 즉, 사회적 상호작용은 아동과 다른 사람 사이의 균형 있고 상호적인 교류를 통하여 자신의 존재를 느끼며 상대에게 반응할 수 있는 기회를 갖게 된다. 아동이 부모와 함께하는 사회적 놀이의 능동적인 참여자가 될수록 더 빨리 다른 아동이나 어른과 사회적 관계를 형성하는 방법을 배운다.

- 반응적인 사회적 놀이는 아동이 자신의 행동이 다른 사람에게 어떤 영향을 미치는지를 알려준다. 부모가 아동의 놀이 행동에 매우 반응적일수록 아동은 자신의 행동이 다른 사람에게 어떠한 영향을 미치는지를 더 빨리 배우게 된다. 부모는 과장된 표정(예: 놀란 얼굴), 아동의 활동에 확실히 나타나는 감정으로 반응하거나(예: 우는 척) 아동이 가지고 놀고 있는 인형, 사진, 감정을 역할 놀이함으로써 아동이 자신의 행동에

대한 사회적 영향을 이해하도록 촉진한다.

사회적 놀이를 촉진하는 심화 RIS

아동의 사회적 놀이를 증진하기 위한 전략들이다. 아동과 함께하는 일상생활 중에 통합하여 자주 적용한다.

131 장난감을 사용하지 않고 서로 마주 보며 놀이하기
535 아동의 상호작용 속도에 맞추기

출처: 김정미 역(2021). RT 반응성 교수 교육과정. 학지사. 제4부 교육과정 자료 6 참조.

Level 4. 복습 단계

사회적 놀이의 논의점 요약

- 반응성이 아동의 사회적 놀이를 향상시키는 방법은 다음 두 가지로 요약할 수 있다. ① 부모가 아동의 활동에서 반응적일 때 아동은 스스로 활동에 더 주의를 기울이고 참여하게 된다. **아동이 새로운 정보를 배우거나 획득하는 정도는 놀이 활동에 얼마나 참여했는가에 영향을 받는다.** ② 부모가 아동에게 반응적일수록 아동은 부모에게 반응적이게 된다. **결과적으로 부모가 지속적으로 RIS를 사용할 때 부모는 아동의 놀이와 발달 학습을 크게 향상시킨다.**

- 부모가 아동이 현재 하고 있는 것에 반응적으로 상호작용하지 않고 지시하고 촉진할 때 아동의 활동 참여는 감소한다. 부모의 지시성은 아동의 놀이 지속 시간을 단축시킨다.

사회적 놀이를 위한 RIS

Level 1. 기본 RIS

113 아동의 세계로 들어가기
114 거울처럼 그대로 반영해 주고 평행 놀이를 하면서 함께 활동하기
421 놀이 상대자로서 행동하기

Level 2. 핵심 RIS

312 아동의 행동과 의사소통 모방하기
121 한 번 하고 아동의 차례 기다리기
412 기대하며 수행을 기다리기

Level 3. 심화 RIS

131 장난감을 사용하지 않고 서로 마주 보며 놀이하기
535 아동의 상호작용 속도에 맞추기

중심축 행동 평가

중심축 행동 프로파일을 사용하여 아동의 사회적 놀이를 평가한다. RT 중재 회기 동안 아동의 사회적 놀이가 어떻게 변화되었는가?

인지 영역

사회적 놀이

아동은 다양한 상황에서 상대방과 상호적으로 놀이하는가? 아동의 놀이는 상대방이 활동에 참여한 만큼 하는 '주고받기'식이라고 특징지을 수 있는가? 아동은 놀이를 하는 동안에 상대방의 활동을 인식하는가?

어느 정도인가?

10=매우 높음 거의 항상 상호적인 놀이 활동에 참여한다. 다른 사람의 행동을 관찰하고 내 차례가 되면 활동에 참여한다. 이런 측면에서 놀이는 호혜적인 상호작용으로 특징지을 수 있다.

5=중간 정도 때때로 상대방과 놀이하는 경우에 흥미가 있고, 함께 상호작용하는 시간의 절반 정도는 호혜적으로 상호작용에 참여한다. 또한 함께하는 시간의 절반 정도는 얼굴을 마주 보며 대하고 여러 유형의 의사소통을 시도해 본다. 즉, 상대방과 함께하는 시간의 절반 정도는 각기 공동 활동에 참여한다.

1=매우 낮음 결코 다른 사람과 함께 놀이하지 않는다. 혼자서 놀이하거나 상대방과 평행적으로 놀이하는 것을 좋아한다. 평행 놀이로 상대방을 무시하며, 상대방과 함께 놀이하고자 하는 시도를 항상 인식하지 못한다.

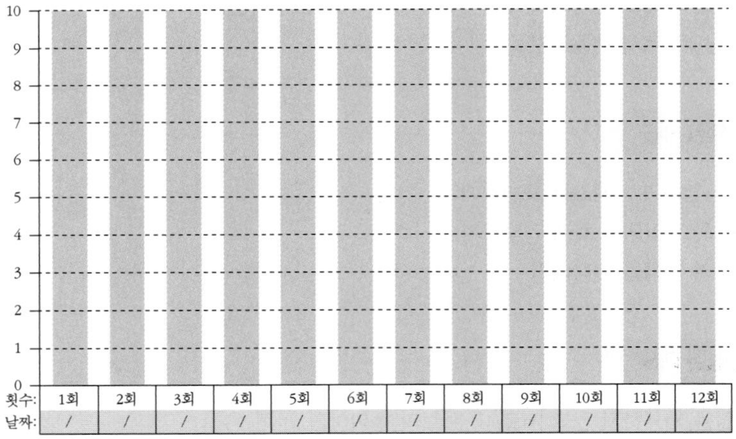

출처: 김정미 역(2021). RT 반응성 교수 교육과정. 학지사. 제4부 교육과정 자료 3 참조.

2 중심축 행동(PB): 주도성(Initiation)

회기 목표

이번 회기의 목표는 주도성이 아동의 놀이와 인지발달 향상을 위해 지속적으로 해야 하는 중요한 행동임을 설명하는 것이다. 또한 아동이 놀이와 사회적 또는 의사소통 행동을 주도하고 부모가 일상에서 통합하도록 가르치는 데 효과적인 RIS를 배울 것이다.

주도성이란

- 아동은 스스로 활동을 시작하고 변화시킨다.
- 부모나 교사는 아동의 활동을 주도하기보다 아동의 능동적 학습을 따르고 지원함으로써 아동의 능동적인 학습을 촉진한다.
- 아동은 다른 사람과 의사소통하고, 새로운 놀이를 시작하고, 같은 장난감으로 활동을 바꾸거나 문제해결을 위해 도움을 요청한다.

Level 1. 기본 단계

주도성의 기본 논의점

- 아동 주도의 능동적 학습은 부모 주도의 수동적 학습보다 더욱 효과적이다. 아동의 인지 학습은 능동적 학습을 통해 이루어진다. 부모는 아동에게 추론, 분류, 기억, 이해, 문제해결 능력을 직접 가르칠 수 없으며, 아동은 이러한 기술을 스스로 발견하면서 획득한다. 이러한 발견은 아동 자신이 알고 있는 사실과 이해 수준에 따라 다르며, '계속적으로' 일상적인 놀이 활동에 적용해 보면서 또는 이러한 행동들을 '다른 사물'들과 '다른 사람'으로 확장해 적용해 보면서 새로운 정보를 더 많이 획득하게 된다. 또한 아동은 놀이와 사회적 상호작용을 통해 지속적으로 자신의 생각을 수정해 가면서 새로운 정보와 통찰을 얻는다.

- 능동적 학습은 아동이 의식적으로 활동에 참여할 때, 혹은 아동이 자신의 경험을 이해하려고 노력할 때 일어난다. 부모는 아동이 주도하는 활동에 반응적으로 상호작용하면서 아동의 능동적 학습을 촉진할 수 있다. 아동이 어떤 활동을 주도하여 그 활동에 참여하는 것은 아동 스스로 결정한 것이다. 이러한 결정은 아동의 흥미, 의도, 능력을 반영한 것이며, 아동이 애쓰며 관여하고 있다는 것을 의미한다.

- 아동은 자신이 주도한 활동에는 더욱 능동적으로 참여하려고 한다. 부모는 때때로 자신이 주도한 활동과 의사소통에 아동이 반응하도록 유도하면서 상호작용에 참여하게 한다. 그러나 이렇게 하는 것은 아동이 주도하는 법을 배울 수 있는 기회를 박탈하는 것이다. 왜냐하면 이때 어떤 장난감이나 사물을 가지고 어떻게 놀 것인가를 선택하는 사람은 아동이 아닌 부모이기 때문이다. 아동을 상호작용에 참여시키는 좋은 방법은 아동이 장난감을 선택하고 활동을 시작할 때까지 기다리는 것이다. 부모는 RT 전략의 '아동의 주도에 따르기'를 통해서 아동에게는 주도하는 방법을 학습할 기회를 제공하고, 상호작용에 더욱 적극적으로 참여하고, 더욱 오래 상호작용을 유지할 수 있게 해 준다.

주도성을 촉진하는 기본 RIS

아동의 주도성을 증진하기 위한 전략들이다. 아동과 함께하는 일상생활 중에 통합하여 자주 적용한다.

113 아동의 세계로 들어가기
114 거울처럼 그대로 반영해 주고 평행 놀이를 하면서 함께 활동하기
421 놀이 상대자로서 행동하기
312 아동의 행동과 의사소통 모방하기
121 한 번 하고 아동의 차례 기다리기
412 기대하며 수행을 기다리기
131 장난감을 사용하지 않고 서로 마주보며 놀이하기
535 아동의 상호작용 속도에 맞추기

출처: 김정미 역(2021). RT 반응성 교수 교육과정. 학지사. 제4부 교육과정 자료 6 참조.

Level 2. 핵심 단계

주도성의 핵심 논의점

- 아동이 주도하는 놀이와 사회적 활동은 아동의 학습을 효과적으로 촉진한다. 아동의 놀이와 사회적 활동은 아동의 이해, 사고, 추론을 반영한다. 예를 들어, 아동이 입에 사물을 넣는 것은 다른 방식이 아닌 그 방식으로 사물을 인식하기 때문이다. 놀이는 아동의 현재 발달 단계를 반영하므로 발달이 지연된 아동은 자신의 연령보다 어린 아동처럼 놀이한다. 하지만 연령에 적합한 놀이가 전형적인 발달을 하는 아동의 학습에 영향을 주듯이, 발달이 지연된 아동에게도 동일한 영향을 미친다. 발달이 지연된 아동은 전형적으로 성장하는 아동과 마찬가지로 현재 가진 추론과 이해 능력을 반영하는 행동을 주도한다. 아동이 인지 기능을 다음 단계로 발전시키기 위해서는 자신의 현재 수준의 행동을 자신의 일상생활에서 부딪히는 사물이나 사람들에게 많이 적용해 보는 것이다.

- 아동의 놀이는 아동에게 개인적으로 의미가 있다. 발달 문제가 얼마나 심각하든지 상관없이 모든 아동은 어떤 형태로든 활동을 시도할 수 있다. 예를 들어, 아이가 물체를 보고, 소리를 내고, 고개를 돌리는 행동을 한다면, 이는 아동이 스스로 주도하는 행동들이다. 설령 이러한 행동이 현재 아동의 연령 수준에 적합한 발달 기능보다 낮은 수준이라 할지라도 이는 인지 학습의 기초가 되는 주도성으로 설명할 수 있다. 아동이 시도하는 모든 행동은 그들에게 발달적으로 의미가 있다. 아동은 그들의 행동을 자신의 세계에 적용함으로써 인지 기술을 배우기 때문에 발달 문제를 가진 아동이 만들어 낸 낮은 수준의 발달 행동은 어린 아동에게 발생하는 것과 같은 인지 학습 유형인 것이다.

- 아동의 놀이는 중요한 학습 기회이다. 능동적 학습 관점에서는 아동이 능동적으로 참여한다면, 어떤 활동이라도 인지적 학습을 위한 기회를 제공할 수 있다는 생각을 기반으로 한다. 결과적으로 아동이 하루 동안 겪는 비공식적인 일상적인 경험은 언

어재활, 물리치료, 유치원이나 어린이집 교육과 같은 공식적인 학습 활동에서 아동이 받는 전문화된 경험만큼 발달 학습을 향상시킬 수 있는 요소이다. 아동이 발달적으로 중요한 정보를 배우는지 아닌지는 활동을 이끄는 교사나 어른의 직업적 자질이나 활동 그 자체보다 아동이 능동적으로 참여하는지에 달렸다. 결과적으로 자연스러운 환경에서 일어나는 일상적인 활동 동안 아동이 주도하는 행동들은 중요하고 의미 있는 발달 학습 기회를 제공한다.

주도성을 촉진하는 핵심 RIS

아동의 주도성을 증진하기 위한 전략들이다. 아동과 함께하는 일상생활 중에 통합하여 자주 적용한다.

115 아동이 상호작용하기를 기대하기
523 아동의 주도에 따르기
311 질문 없는 의사소통하기

출처: 김정미 역(2021). RT 반응성 교수 교육과정. 학지사. 제4부 교육과정 자료 6 참조.

Level 3. 심화 단계

주도성의 심화 논의점

- 장난감을 제공함으로써 아동은 장난감을 독립적으로 다루거나 조작할 수 있다. 만약 부모가 어른의 도움으로만 사용할 수 있는 장난감을 아동에게 제공한다면, 아동은 매번 어른에게 도움을 청할 수밖에 없다. 사실 아동이 스스로 장난감을 조작하거나 다룰 수 없다면 아동은 장난감을 가지고 놀이를 시도할 수 없고, 그 장난감들은 아동의 발달적 학습에 거의 영향을 미치지 않을 것이다. 아동은 독립적으로 장난감을 다룰 수 있으며, 장난감을 가지고 있으면 스스로 장난감을 즉시 집어 들고, 그것을 조작하고 다루기 시작하고, 몇 초 이상 장난감을 가지고 놀이를 시도한다. 그러나 아동이 장난감을 주우려다 실패해 재빨리 장난감을 외면한다면 이는 아동이 독자적으로 다룰 수 있는 장난감이 아님을 분명히 보여 주는 것이다.

- 아동이 선호하는 방식으로 장난감을 가지고 놀이를 한다. 만일 아동이 장난감을 가지고 활동을 시작하기를 기다려 본다면, 평소 아동이 자신의 방식대로 장난감을 가지고 놀지 않았다는 것을 관찰하게 될 것이다. 일반적으로 아동은 자신이 이미 가지고 있는 개념이나 활동 수준대로 장난감을 가지고 논다. 예를 들어, 아동의 현재 발달 수준이 주로 물건을 두드리는 것에 관심이 있다면, 부엌놀이 장난감을 가지고 놀 때, 조리 도구들을 스토브 위에서 꽝꽝 치며 놀 것이다. 스토브는 요리 흉내를 내며 놀이를 하는 것이지 물건을 두드리는 목적은 아니기 때문에 부모가 아동이 꽝꽝치며 노는 것을 제지한다면, 아동은 더 이상 자신의 지식과 이해를 가지고 사물을 사용하려 하지 않을 것이며 아동의 방식대로 놀이하지 않을 것이다.

- 아동이 주도하는 활동을 지지하며 반응한다. 의미를 가지고 놀이에 참여하려는 의도가 없는 아동은 자신이 선택했거나 또는 자신이 선호하는 장난감 트럭을 가지고 몇시간이고 혼자서 놀며 시간을 보내기도 한다. 만일 부모가 아동에게 트럭과 관련된 무언가를 해 달라고 부탁한다면, 아동은 보다 더 주의를 집중하고 반응적일 것이

며 오랫동안 능동적으로 장난감을 가지고 놀 것이다. 그러나 부모가 아동이 주도한 활동 이외의 다른 놀이 활동을 하도록 지시한다면, 아동은 놀이 활동에서 벗어나고 부모는 아동을 능동적 학습자가 아닌 수동적 학습자로 만들게 될 것이다.

주도성을 촉진하는 심화 RIS

아동의 주도성을 증진하기 위한 전략들이다. 아동과 함께하는 일상생활 중에 통합하여 자주 적용한다.

134 장난감을 가지고 아동과 함께 놀기

출처: 김정미 역(2021). RT 반응성 교수 교육과정. 학지사. 제4부 교육과정 자료 6 참조.

Level 4. 복습 단계

주도성의 논의점 요약

- 아동은 자신이 주도하는 활동이나 의사소통과 관련된 정보에 관심을 두고 이해하고 기억한다. 아동이 주도하는 활동은 바로 학습 흥미도가 높은 것이다. 부모는 아동이 주도하는 활동을 계속하도록 반응적으로 격려하고 지원함으로써 아동의 학습을 촉진시킬 수 있다. 부모는 아동의 활동을 보완하고 아동이 원하는 것에 부합하는 지침이나 정보를 제공함으로써 지원할 수 있다.

- 아동은 자신이 주도한 활동과 관련이 있을 때 정보의 중요성을 이해할 수 있다. 부모의 지침과 정보가 아동이 주도한 활동과 관심사와 직접적인 관련이 있을 때, 아동은 자신의 활동에 그 정보를 포함시킨다. 특히 그 정보가 아동이 하고자 하는 것과 관련이 있을 때 가능하다.

주도성을 위한 RIS

Level 1. 기본 RIS

113 아동의 세계로 들어가기
114 거울처럼 그대로 반영해 주고 평행 놀이를 하면서 함께 활동하기
421 놀이 상대자로서 행동하기
312 아동의 행동과 의사소통을 모방하기
121 한 번 하고 아동의 차례 기다리기
412 기대하며 수행을 기다리기
131 장난감을 사용하지 않고 서로 마주 보며 놀이하기
535 아동의 상호작용 속도에 맞추기

Level 2. 핵심 RIS

115 아동이 상호작용하기를 기대하기
523 아동의 주도에 따르기
311 질문 없는 의사소통하기

Level 3. 심화 RIS

134 장난감을 가지고 아동과 함께 놀기

중심축 행동 평가

중심축 행동 프로파일을 사용하여 아동의 주도성을 평가한다. RT 중재 회기 동안 아동의 주도성이 어떻게 변화되었는가?

주도성

아동은 스스로 활동을 시작하는가, 아니면 항상 다른 사람의 주도에 따르는가? 아동은 활동의 종류나 방향을 선택하는 데 능동적인가? 아동은 의사소통을 주도하고, 새로운 놀이를 시작하고, 하나의 장난감을 가지고 다양한 활동으로 응용하는가? 상대방이 촉진하지 않아도 새로운 활동을 시도하는가?

어느 정도인가?

10=매우 높음 놀이하는 중에 지속적으로 활동을 주도한다. 아동만의 의사를 가지고 있으며, 일반적으로 그것에 따르도록 주장한다. 다른 사람과 함께 놀이하는 동안 이끌고, 수동적인 역할을 하는 경우가 드물다.

5=중간 정도 함께하는 시간의 절반 정도는 아동이 활동을 주도하려고 시도한다. 그러나 수동적이며 관여하지 않거나, 일차적으로 상대방이 제안하거나 요구에 응하여 놀이하는 경우도 있다.

1=매우 낮음 절대로 스스로 활동을 먼저 시작하지 않는다. 사회적 놀이를 하는 동안 수동적이고 비활동적이며 다른 사람이 주도하여 무엇을 시키는 경우에만 활동에 참여한다.

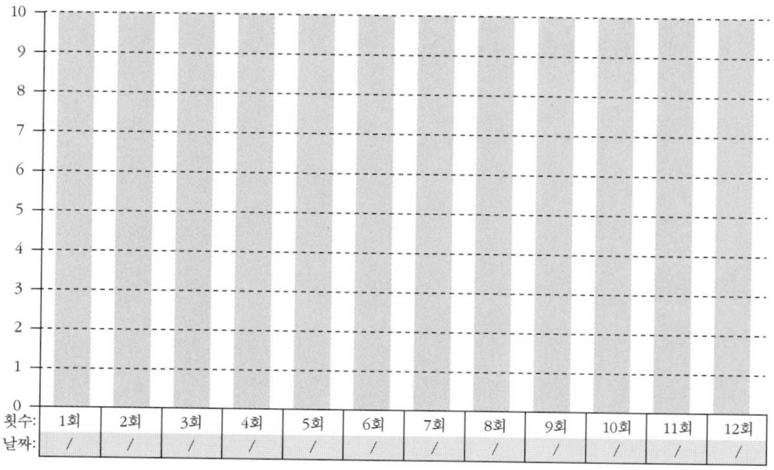

출처: 김정미 역(2021). RT 반응성 교수 교육과정. 학지사. 제4부 교육과정 자료 3 참조.

③ 중심축 행동(PB): 탐색(Exploration)

회기 목표

이번 회기의 목표는 탐색이 아동의 놀이와 인지발달 향상을 위해 지속적으로 해야 하는 중요한 행동임을 설명하는 것이다. 아동이 놀이와 사회적 또는 의사소통 행동을 탐색하고 부모가 일상적인 상호작용에 통합할 수 있도록 가르치는 데 효과적인 RIS를 배울 것이다.

탐색이란

- 아동은 장난감, 사물, 사람, 사건에 대해 ① 조작하고 실험하고 관찰하면서, ② 혼자서 또는 다른 사람과 함께 하면서 새로운 정보를 발견한다.
- 아동은 입에 넣기, 냄새 맡기, 만지기, 조작하기, 살펴보기, 귀에 대 보기 등 모든 감각을 사용하여 탐색한다.

Level 1. 기본 단계

탐색의 기본 논의점

- 아동은 자신이 발견한 정보를 다른 사람이 제공하는 정보보다 훨씬 더 잘 이해하고 기억한다. 전형적인 발달을 하거나 또는 발달장애가 있거나 모든 아동은 같은 방법으로 학습한다. 아동은 자신의 능동적인 탐색 과정에서 발견한 정보를 습득할 수 있다. 만일 다른 사람의 가르침으로 정보를 제공하더라도 아동이 직접 정보를 발견하지 않는다면, 그것을 이해하고 자신의 지식으로 가져오지 못한다. 아동이 접한 정보를 완전히 이해하지 못하면 그것을 기억하는 데 어려움을 겪으며 일상생활에서 자발적으로 적용하여 사용하지 못할 것이다. 아동의 발견 학습은 자신의 환경에서 능동적으로 사물이나 경험을 탐색하고 조작하는 데서 비롯된다. 아동이 사고와 이해의 기초가 되는 정보를 습득하기 위해서는 스스로 발견하는 것이 중요하며, 어른이 직접 무언가를 가르치고자 한다면 아동이 스스로 발견할 기회를 막는 것이다. 따라서 부모나 교사는 아동이 스스로 발견하도록 지지하며 그것이 어떤 것이든 아동에게 기억되어 아동의 생활에 적용되도록 해야 한다.

- 발견 학습은 개인적이고 다차원적으로 발달에 영향을 미친다. 발달 초기에 아동은 사전 지식이나 이해 없이 그들의 세계를 경험한다. 사실상 모든 아동에게 있어서 초기 경험은 미리 알지 못하는 정보들이고 너무 새롭기 때문에 어린 아동은 모든 감각(예: 보고, 만지고, 맛보고, 냄새 맡고, 조작해 보면서)을 통해 세상을 받아들인다. 초기 인지 학습 기준에서 보면 사물의 이름과 기능은 그리 중요하지 않다. 왜냐하면 아동이 자신만의 경험적 지식을 풍부하게 가지고 있지 않다면, 사물이나 경험의 이름이나 기능은 의미를 가지지 못하기 때문이다. 어린 아동에게 사물과 경험은 자신의 세계에서 얻은 모양, 질감, 맛과 같은 감각적 그리고 개인적 정보의 역동성 측면에서 이루어진다. 이러한 정보를 얻을 수 있는 유일한 방법은 자발적인 탐색이다. 아동이 탐색을 통해 얻는 경험적 지식은 결국 사물의 이름을 배우고 그 용도를 이해하는 기초가 된다.

탐색을 촉진하는 기본 RIS

아동의 탐색을 증진하기 위한 전략들이다. 아동과 함께하는 일상생활 중에 통합하여 자주 적용한다.

312 아동의 행동과 의사소통을 모방하기
523 아동의 주도에 따르기
311 질문 없는 의사소통하기

출처: 김정미 역(2021). RT 반응성 교수 교육과정. 학지사. 제4부 교육과정 자료 6 참조.

Level 2. 핵심 단계

탐색의 핵심 논의점

- 탐색과 발견은 아동이 주도해야 한다. 탐색을 통해 스스로 배우는 것은 다른 사람이 가르쳐 주어 배우는 것보다 훨씬 더 어렵고 에너지가 많이 드는 활동이다. 다른 사람이 주는 정보를 통해 지식을 습득하는 것이 훨씬 노력이 덜 드는 일일 수도 있지만, 이러한 과정을 통해 얻은 정보는 피상적으로 이해하게 된다. 아동이 초기 개념을 형성할 때, 피상적으로 이해하는 것과 자신의 세계에서 직접적이고 깊이 있는 인식으로 이해하는 것 중 어느 것이 더 근본적이겠는가? 때때로 어른들은 아동과 함께할 때 여행 가이드처럼 아동을 이끈다. 아동이 스스로 무언가를 발견하고 경험하도록 지지하기보다는 아동이 해야 할 것을 보여 주고 설명해 주며 놀이하려 한다. 부모가 앞장서서 아동이 탐색할 것을 지시한다면, 아동은 스스로 관심을 가지고 발견학습에 참여하려 하지 않을 것이다. 그리고 점차 아동은 능동적인 참여자가 아니라 수동적인 학습자가 되어 갈 것이다. 아동에게 있어서 평생 자신의 삶 속에서 생각하고 배우는 데 기초가 될 개념을 이와 같이 수동적 방식으로 습득할 수 있을까? 인지 능력과 이해력이 제한된 어린 아동은 직접 경험을 통해 세상의 개념을 배울 필요가 있다. 먼저 자신의 세계에서 기본적인 인지 개념을 이해할 때, 이후 어른이 제공하는 정보를 더 잘 이해하게 된다. 아동의 인지 성장을 촉진하기 위해서는 아동에게 도전적인 사건에 직면했을 때, 어른이 먼저 해결책이나 정보를 제공하기보다 아동이 스스로 탐색하고 발견을 이끌어 낼수 있도록 지지하는 것이 필요하다.

- 탐색은 일회성 사건이 아닌 지속적인 과정이다. 발달 초기에는 아동 자신의 세계에 대한 인식과 이해가 빠르게 변화한다. 이러한 변화는 아동이 사물을 가지고 놀이하고 상호작용하는 방식에도 반영된다. 예컨대, 생후 6개월 된 아동은 주로 사물을 입으로 가져가는 것으로 인식하고, 12~15개월이 되면 단순한 기능적 놀이를 위해 사용하거나 24개월이 되면 변형하여 가장 놀이로 통합할 수 있게 된다. 발달 초기 동안 아동은 과거에 수없이 마주쳤던 사물, 활동, 경험을 재발견한다. 아동의 인식과 이

해가 변화했기 때문에, 이러한 '재발견'은 과거의 인식이나 이해와는 너무 다를 수 있고 마치 이전에 전혀 경험하지 않았던 것 같이 느껴지기도 한다. 이러한 재발견 과정은 아동이 왜 주변 환경에 있는 사물들을 탐색하고 조작하는 것에 관심 있는지를 설명하는 현상이다. 때때로 아동은 동일한 장난감이나 어떤 활동을 계속해서 반복적으로 놀고, 실험하고, 행동을 만들어 낸다. 비록 이러한 유형의 놀이와 탐색이 부모에게는 지루해 보일 수 있지만, 아동에게는 자신의 경험을 통해 계속해서 새로운 방법을 발견하는 흥미로운 자극들이다. 이러한 경험들은 매일 새로운 의미를 갖기 때문이다.

탐색을 촉진하는 핵심 RIS

아동의 탐색을 증진하기 위한 전략들이다. 아동과 함께하는 일상생활 중에 통합하여 자주 적용한다.

211 아동의 행동 관찰하기
511 아동의 행동을 발달적으로 해석하기
441 아동이 하는 것에 가치 두기
132 반복 놀이나 일련의 순서가 있는 활동 지속하기
321 아동에게 다음 발달 단계를 보여 주어 확장하기

출처: 김정미 역(2021). RT 반응성 교수 교육과정. 학지사. 제4부 교육과정 자료 6 참조.

Level 3. 심화 단계

탐색의 심화 논의점

- 아동은 놀이를 통해 발견한다. 아동은 놀면서 자신의 장난감이나 사물을 체계적으로 다루고 탐색한다. 6개월 정도의 발달 단계에서는 사물을 입에 가져가고, 두드리고, 눈으로 조사하고, 던져 보며 탐색한다. 그리고 9~12개월 정도의 발달 단계에서는 큰 사물 안에 작은 사물을 넣고, 물건을 쌓아 올리고, 물건의 세밀한 부분을 살피고, 그것들로 만들어 내는 소리나 움직임을 보며 탐색한다. 18개월 정도의 발달 단계에서는 장난감 젖병으로 인형에게 우유를 먹이거나 장난감 침대에서 인형을 재우는 것과 같이 일상생활에서 자주 일어나는 일들을 재연하며 사물을 복합적인 활동과 조합해 보면서 탐색한다. 아동의 '놀이'는 체계적이고 창의적인 탐구 활동이다. 놀이는 재미와 즐거움을 위한 시간이지만 아동은 놀이를 통해서 계속해서 다른 장난감과 사물을 탐색하며 열심히 연구한다. 아동은 놀면서 지속적으로 자신의 발달 수준의 기술을 사용하여 사물을 탐색한다. 아동은 장난감과 사물의 특성과 행동을 끊임없이 탐색하면서 새로운 정보를 발견하고 더 높은 수준의 사고와 이해로 성장한다.

- 탐색과 발견은 일상적인 활동과 생활에서 발생한다. 아동은 매일의 일상적인 활동 속에서 끊임없이 배운다. 일상적인 활동 동안 아동이 접하는 대상과 경험은 인지 개념과 관련된 특성(예: '내/외' 공간 관계)을 배울 수 있는 기회가 된다. 때로는 장난감은 제한된 인지 개념의 예시만을 제공하며, 장난감을 통해 노출되는 개념들은 일상생활에서도 흔히 마주할 수 있는 경험들이다. 따라서 부모나 교사는 아동에게 가능한 한 많은 다양한 종류의 경험을 제공하며, 아동이 이러한 사물과 재료들을 탐색할 수 있도록 지지해 주어야 한다. 예를 들어, 먹기, 옷 입기, 씻기와 같은 일상적인 활동에서부터 공원, 자동차, 가게에서 마주하는 사물이나 경험 모두가 포함된다.

탐색을 촉진하는 심화 RIS

아동의 탐색을 증진하기 위한 전략들이다. 아동과 함께하는 일상생활 중에 통합하여 자주 적용한다.

325 환경 변화시키기
324 목적을 가지고 놀이하기

출처: 김정미 역(2021). RT 반응성 교수 교육과정. 학지사. 제4부 교육과정 자료 6 참조.

Level 4. 복습 단계

탐색의 논의점 요약

- 탐색은 아동의 흥미와 호기심의 윤활유이다. 아동의 탐색에 반응하고 지지해 줌으로써 호기심을 증진시킨다. 아동의 탐색 능력은 '겉으로 드러난 것과 자신이 세계와 어떻게 연관이 있을까?'에 대한 내적 호기심에서부터 시작한다. 생의 초기에 이루어지는 인지적 성장은 정보와 경험의 축적 이상의 의미를 가진다. 인지 학습의 주요 요소는 바로 사물과 경험의 의미에 관한 호기심이다. 부모나 교사가 아동이 주도하는 놀이에 참여하고 아동의 행동과 의도에 활기 있게 반응해 줄 때, 아동은 자신의 세계에 대한 호기심과 궁금증을 키우게 된다.

탐색을 위한 RIS

Level 1. 기본 RIS

312 아동의 행동과 의사소통을 모방하기
523 아동의 주도에 따르기
311 질문 없는 의사소통하기

Level 2. 핵심 RIS

211 아동의 행동 관찰하기
511 아동의 행동을 발달적으로 해석하기
441 아동이 하는 것에 가치 두기
132 반복 놀이나 일련의 순서가 있는 활동 지속하기
321 아동에게 다음 발달 단계를 보여 주어 확장하기

Level 3. 심화 RIS

325 환경 변화시키기
324 목적을 가지고 놀이하기

중심축 행동 평가

중심축 행동 프로파일을 사용하여 아동의 탐색을 평가한다. RT 중재 회기 동안 아동의 실행이 어떻게 변화되었는가?

탐색

아동은 사물이나 사건을 단순히 관찰하거나 접촉하는 것에 그치지 않고 그것을 조사하거나 다루어 보는가? 아동은 감각을 사용하여, 즉 입에 넣고, 던져 보고, 다루어 보고, 쳐다보거나, 들어 보면서 탐색하는가? 사람이나 사물을 바라보는 데 그치지 않고 경험해 봄으로써 능동적으로 주변 환경에 관여하는가?

어느 정도인가?

10=매우 높음 물리적으로나 시각적으로 주변 환경을 빈번히 탐색한다. 다각적으로 사물을 시험해 보거나 새로운 자극에 빠르게 대응하는 편이다. 어떤 것에 대해 가능한 것이 무엇인지 살펴보기 위해 만져 보고, 맛보고, 흔들어 보고, 들어 보고, 사물을 살펴보고, 조작해 보려고 한다. 지속적으로 주변을 탐색한다.

5=중간 정도 경우에 따라서는 새로운 방식으로 탐색하고 조작해 보면서 지속적으로 주변 환경에 관여한다. 어떤 것을 가지고 실험해 보기도 하지만, 아동이 이러한 행동을 하고 참여하는 것은 단지 아동 자신이 가지는 기회의 절반 정도에만 해당된다.

1=매우 낮음 주변 환경에 대해 대부분 비반응적이다. 외부 세계에 전혀 관심이 없으며, 주로 위축되거나 수동적이거나 또는 동일한 사물을 동일한 방식으로 가지고 놀이하는 데 중점을 둔다.

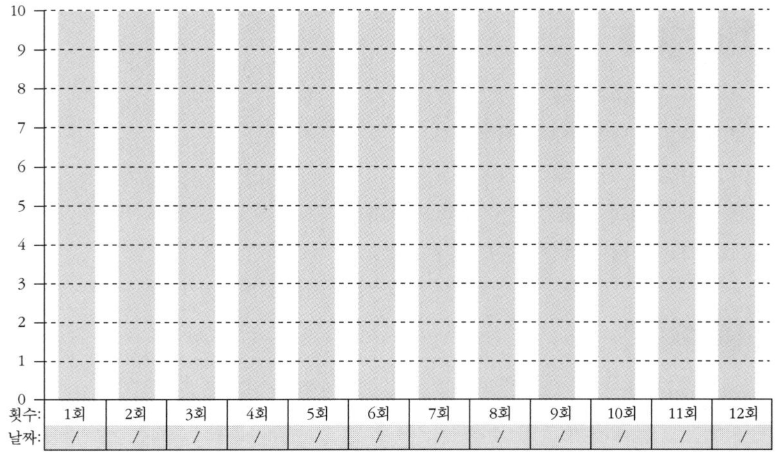

출처: 김정미 역(2021). RT 반응성 교수 교육과정. 학지사. 제4부 교육과정 자료 3 참조.

④ 중심축 행동(PB): 실행(Practice)

회기 목표

이번 회기의 목표는 실행이 아동의 놀이와 인지발달 향상을 위해 지속적으로 해야 하는 중요한 행동임을 설명하는 것이다. 또한 아동이 놀이와 사회적 또는 의사소통 행동을 실행하도록 가르치고 효과적으로 일상적인 상호작용에 통합할 수 있는 RIS를 배울 것이다.

실행이란 무엇인가?

- 아동은 동일한 방식으로 행동과 활동을 반복하고 다양하게 적용한다.
- 아동은 혼자서 또는 상호작용할 때, 행동을 반복적으로 실행한다.
- 실행은 여러 사물 및 사람과 점차 시간을 늘려 가며 일어난다.

Level 1. 기본 단계

실행의 기본 논의점

- 실행은 아동의 현재 행동에서 새로운 행동으로 숙련을 증진시킨다. 발달 기술의 학습은 단순히 새로운 행동을 습득하는 것 이상의 의미를 가진다. 아동이 새로운 발달 기술이나 행동을 배우고, 이러한 행동을 사용할 때 처음에는 매우 원초적이지만 차츰 습득한 행동을 능숙하게 사용하는 법을 배우게 된다. 그리고 직관적으로 쉽게 할 수 있는 반사적인 반응이 될 때 숙련되었다고 할 수 있다. 운동 선수들은 능숙해지는 유일한 방법은 반복적인 실행이라는 것을 잘 알고 있다. 프로 선수들은 단순히 기술을 배우는 것을 넘어서 능숙하게 사용하기 위해 엄청난 시간을 투자한다. 그래서 경기에서 높은 수준으로 숙련된 기술을 반사적으로 사용할 수 있다. 이와 마찬가지로 아동이 새로 학습한 발달 기술에 대한 숙련도를 높이고 일상적인 활동에 이를 자연스럽게 통합하기 위해서는 반복적인 실행이 있어야 한다.

- 실행은 아동이 최근에 습득한 행동의 사용을 배울 수 있도록 도와준다. 아동이 새로운 행동이나 단어를 처음 습득할 때 이들의 다른 용도나 기능은 알지 못한다. 그래서 아동은 학습한 상황에서만 새로운 행동을 사용할 수 있으며, 광범위한 적용을 인식하지 못할 수 있다. 최근에 학습한 행동을 다양한 환경과 다른 장난감, 물체, 사람들과 반복하여 실행함으로써 아동은 다양한 종류의 물체, 사람, 그리고 환경에서 새로 습득한 행동을 어떻게 사용할 수 있는지 발견하게 된다.

실행을 촉진하는 기본 RIS

아동의 실행을 증진하기 위한 전략들이다. 아동과 함께하는 일상생활 중에 통합하여 자주 적용한다.

312 아동의 행동과 의사소통을 모방하기
121 한 번 하고 아동의 차례 기다리기
523 아동의 주도에 따르기

출처: 김정미 역(2021). RT 반응성 교수 교육과정. 학지사. 제4부 교육과정 자료 6 참조.

Level 2. 핵심 단계

실행의 핵심 논의점

- 고급 동작을 학습하려면 먼저 기본 동작을 반복하여 실행하는 것이 중요하다. 새로운 놀이 행동이나 사고 방식을 습득하기 위해 아동은 오래된 놀이 행동과 사고 방식을 포기해야 한다. 예를 들어, 감각 운동 발달 단계에 있는 아동은 '두드리기, 흔들기, 입에 넣기, 던지기'와 같은 놀이 행동 유형을 보일 것이다. 이 발달 단계 동안 아동은 자신이 관심 있는 장난감이나 물건을 입에 넣거나, 장난감끼리 또는 바닥에 부딪히거나, 허공에 있는 물체를 보면서 손을 흔들거나 잡아당기거나 던질 것이다. 이 시기의 아동은 다른 장난감이나 물건에 대해 기본적으로 이와 같은 놀이 행동으로 접근할 것이다. 이는 만 1세 미만 아동에게 나타나는 일반적인 놀이 형태이기 때문이다. 그러나 만 1세가 넘어가면 장난감 버스의 바퀴, 창문, 문 또는 아기의 눈, 코, 배꼽과 같은 특징에 관심을 두는 단계로 전환하게 된다. 이 시기에는 이전 단계에서 사용한 사물을 두드리고, 흔들고, 입을 넣고, 던지며 노는 것에 대한 흥미는 사라진다. 아동은 동시에 두 단계의 놀이 행동 발달을 나타내지 않는다. 하나를 더 많이 할수록 다른 하나를 적게 하게 된다.

- 실행은 아동이 초기 발달 행동의 한계를 배우도록 한다. 아동은 어떻게 이미 알고 있는 놀이 기술을 버리고, 아직 알지 못하는 새로운 놀이 기술을 배우고 사용하게 되는가? 하나는 아동이 새로운 행동, 또는 놀이의 방법이 이전의 행동보다 더 효과적이거나 흥미로운 놀이 방법이란 것을 발견했을 때 낮은 수준의 놀이 기술을 포기한다는 것이다. 문제는 '이러한 과정의 원동력은 무엇인가?'이다. 아동이 오랫동안 해오던 행동을 포기하고 새로운 놀이 행동을 배우려는 의지는 무엇으로 설명할 수 있는가이다. 아동은 놀이를 할 때 자신이 배우는 과정에 있는 놀이 기술과 개념을 실행하게 된다. 즉, 새로운 놀이 행동과 개념을 반복 실행하거나 반복하기 전에 장난감과 물건으로 같은 놀이 행동을 수천 번 반복한다. 반복 실행은 아동이 새로운 놀이 행동에 더 능숙해지고 또한 이러한 행동의 한계를 발견하게 된다. 아동은 엄청

난 양의 반복적인 놀이를 하면서 점차 자신이 탐색하고 싶어 하는 다른 가능성을 깨닫게 된다. 자신의 세계에 대한 인식과 흥미가 증가하면서 자신의 현재 수준에 대한 한계를 발견하고, 더불어 아동이 원하는 것을 할 수 있게 하는 더 높은 수준의 발달 행동을 배우도록 동기를 부여한다.

실행을 촉진하는 핵심 RIS

아동의 실행을 증진하기 위한 전략들이다. 아동과 함께하는 일상생활 중에 통합하여 자주 적용한다.

514 아동이 할 수 있는 방식대로 행동하기
132 반복 놀이나 일련의 순서가 있는 활동 지속하기
424 아동이 즐거워하는 활동 반복하기

출처: 김정미 역(2021). RT 반응성 교수 교육과정. 학지사. 제4부 교육과정 자료 6 참조.

Level 3. 심화 단계

실행의 심화 논의점

- 같은 행동을 반복하는 것은 아동이 상위 수준의 발달 행동을 배우는 것을 방해하지 않는다. 아동이 자발적으로 하는 행동은 아동의 현재 수준에서 적합한 행동이다. 발달 지연이 있는 아동이 스스로 놀이에 참여하면서 보여 주는 놀이 행동 유형은 아동의 현재 지식과 이해를 그대로 반영하는 것이다. 비록 아동의 놀이 행동이 현재 나이 수준에 비해 지연될 수 있지만, 이러한 유형의 놀이는 어린 연령의 아동이 가지는 학습 발달의 이점과 동일하다. 사실 아동이 높은 수준의 발달을 성취하는 것은 현재 수준의 사용 방식을 학습하고 한계를 인식하는 것이 중요하다. 아동은 현재 자신이 할 수 있는 방식으로 놀면서 지식을 습득하기 때문에 아동이 현재하는 낮은 수준의 놀이 행동을 반복 실행하도록 격려하는 것은 높은 수준의 놀이 행동을 더 빨리 배우도록 한다.

- 아동이 현재 발달 수준의 행동을 반복하는 것을 멈추게 할 수는 없다. 생후 5~12개월 사이 아동들은 통상적으로 장난감을 입에 가져가고, 두드리고, 던진다. 아동이 하는 행동에 대해 때로는 못마땅하게 느낄 수도 있고, 때로는 그 연령에서는 일반적이기 때문에 그대로 용인하고 지지하기도 한다. 그러나 발달이 지연된 아동의 경우, 만 1세가 훨씬 지났음에도 이러한 행동이 지속될 때, 부모는 사회적으로 부적절하다고 생각하고 이러한 행동을 하지 못하도록 조치한다. 물건을 제거하거나, 못하도록 제지하거나, 다른 종류의 행동을 하도록 지시하기도 한다. 부모가 있는 동안에는 못하도록 멈춘 것처럼 보일 것이다. 그러나 부모가 없는 동안 부모의 제지가 없는 상태에서는 다시 원래로 돌아가 그러한 행동을 하게 될 것이라고 생각지는 않는 것 같다. 이런 행동을 멈추려는 부모의 노력은 아동이 능동적으로 결정하는 데 영향을 미치지 못한다.

- 강제적으로 높은 수준의 놀이 행동을 하고 반복하도록 하는 것은 아동이 현재 수준에 적합

한 행동을 반복하여 실행하는 것을 방해한다. 많은 부모는 자녀가 발달 문제가 있을 경우, 아동이 높은 수준의 행동을 배우게 하기 위해 직접 가르치고자 한다. 아동에게 높은 수준의 기술을 만들어 내도록 요구하고, 부모가 먼저 제시하고 그대로 모방하도록 요청하고, 때로는 물리적으로 강요하거나 강화 모형을 사용하여 부모가 요구한 대로 아동이 행동을 만들어 내도록 이끈다. 그러나 부모가 이런 식으로 가르치는 행동과 기술은 아동의 자발적인 놀이에 통합되기는 힘들다. 더욱이 중요한 것은 이러한 교수 방법에서 강조하는 것은 오히려 아동이 이미 알고 있는 행동을 하도록 격려하지 못한다. 이것이 학습 발달의 중요한 전제이다.

실행을 촉진하는 심화 RIS

아동의 실행을 증진하기 위한 전략들이다. 아동과 함께하는 일상생활 중에 통합하여 자주 적용한다.

133 반복 놀이 함께하기(상호적으로 하기)
135 일상적인 공동활동 중에 의사소통 습관 만들기

출처: 김정미 역(2021). RT 반응성 교수 교육과정. 학지사. 제4부 교육과정 자료 6 참조.

Level 4. 복습 단계

실행의 논의점 요약

- 발달 지연이 있는 아동은 유사한 수준의 발달 학습을 달성하기 위해 전형적으로 발달하는 아동보다 훨씬 더 많은 실행이 필요하다. 모든 아동은 높은 수준의 놀이 행동으로 전환하기 위해서는 새로 습득한 놀이 기술을 수없이 반복한다. 그러나 다운증후군이나 다른 신경계 질환과 같이 신경학적 발달이 저하되어 습득이 비효율적일 때, 전형적으로 발달하는 아동과 같은 수준의 발달 학습을 성취하기 위해서는 더 많은 반복 실행을 필요로 한다. 예를 들어, 만약 아동이 50%의 발달 지연을 가지고 있다면 동일한 발달 성취를 얻기 위해 일반적으로 발달하는 아동들보다 두 배 더 많은 반복 실행이 필요하다. 선천적으로 운동 능력이 미숙한 사람이라면 재능 있는 운동선수 정도의 숙련도를 얻기 위해서는 더 많은 반복 실행이 필요한 것처럼, 신경학적으로 미숙한 수준의 학습 습득 능력을 가진 아동은 그렇지 않은 아동 수준의 숙련도를 얻기 위해서는 실제적으로 더 많은 반복 실행이 필요하다.

- 아동과 일상적인 상호작용 중에 중심축 행동을 촉진하는 RIS를 지속적으로 사용함으로써 아동의 실행 비율과 빈도를 높일 수 있다.

실행을 위한 RIS

Level 1. 기본 RIS

312 아동의 행동과 의사소통 모방하기
121 한 번 하고 아동의 차례 기다리기
523 아동의 주도에 따르기

Level 2. 핵심 RIS

514 아동이 할 수 있는 방식대로 행동하기
132 반복 놀이나 일련의 순서가 있는 활동 지속하기
424 아동이 즐거워하는 활동 반복하기

Level 3. 심화 RIS

133 반복 놀이 함께하기(상호적으로 하기)
135 일상적인 공동활동 중에 의사소통 습관 만들기

중심축 행동 평가

중심축 행동 프로파일을 시용하여 아동의 실행을 평가한다. RT 중재 회기 동안 아동의 실행이 어떻게 변화되었는가?

실행

아동은 동일한 방식으로 또는 응용하면서 행동과 활동을 반복하는가? 아동은 이러한 행동을 스스로 그리고 다른 사람들과 함께 실행하는가? 아동이 에피소드를 행하는 시간은 보다 길어졌는가? 그리고 그러한 에피소드들을 다양한 사물이나 사람과 함께 행하는가?

어느 정도인가?

10=매우 높음 거의 항상 일련의 언어나 행동을 반복하는 데 상당한 시간을 보낸다. 짧은 시간에 다양한 행동을 시도하면서 활동을 빈번히 반복한다. 실행 에피소드를 언어적 또는 행동적으로 연속해서 반복하는 데 상당한 시간을 보낸다. 혼자서든 다른 사람과 함께하든 반복적으로 실행하는 에피소드는 일정한 나의 놀이 양상이다.

5=중간 정도 여러 에피소드를 가지고 일련의 언어나 행동을 반복하는 데 상당한 시간을 보낸다. 짧은 시간 동안 다양한 행동을 시도하면서 빈번히 활동을 반복한다. 에피소드를 반복적으로 실행하는 일은 행동을 반복하지 않는 놀이 에피소드와 비슷한 비율로 나타난다.

1=매우 낮음 지속적으로 반복하는 어떤 행동에 결코 함께 참여하지 않는다. 하나의 행동에서 다음 행동으로 빠르게 옮겨 다니고, 활동에 대충 참여한다.

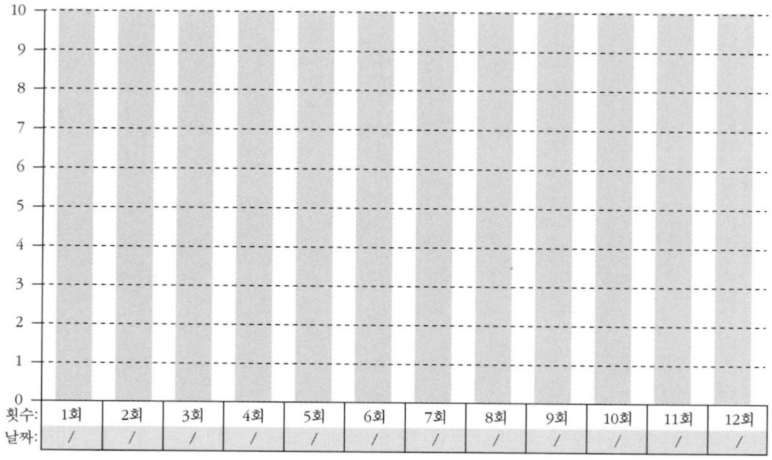

출처: 김정미 역(2021). RT 반응성 교수 교육과정. 학지사. 제4부 교육과정 자료 3 참조.

5 중심축 행동(PB): 문제해결(Problem Solving)

회기 목표

이번 회기의 목표는 문제해결이 아동의 놀이와 인지발달 향상을 위해 지속적으로 해야 하는 중요한 행동임을 설명하는 것이다. 또한 아동이 놀이와 사회적 또는 의사소통 행동을 문제해결하도록 가르치고 효과적이고 일상적인 상호작용에 통합할 수 있는 RIS를 배울 것이다.

문제해결이란

- 아동은 어렵고, 도전적인, 새로운 과제를 계속한다.
- 아동은 시행착오(trial & error), 실험과 성공 과정을 통해 문제해결 방법을 배운다.

Level 1. 기본 단계

문제해결의 기본 논의점

- 문제해결은 무엇이 효과적이고 무엇이 효과적이지 않은지를 배우는 것이다. 문제해결 기술을 발달시키기 위해 아동은 전략을 사용하는 것이 문제해결에 효과적일 수 있지만 그렇지 않을 수 있다는 것도 알아야 한다. 아동이 문제를 효과적으로 다루는 방식을 배우는 것만큼이나 어떤 방식으로는 문제를 해결하지 못한다는 것을 발견하고 이해하는 것도 중요하다. 즉, 아동이 문제를 해결하지 못하는 방법으로부터 배우는 정보는 문제를 해결하는 방법으로부터 배우는 정보만큼이나 중요하다.

- 아동이 문제해결을 위해 실패적이거나 성공적인 노력을 모두 시도해 보도록 지원해야 한다. 부모나 교사는 아동의 성공적이지 못한 행동에 대해 '아동의 주도에 따르기' '아동의 행동과 의사소통 모방하기' 전략을 통해 반응적인 상호작용을 한다. 경우에 따라 아동이 성공을 거두지 못한 것에 대해 심하게 좌절하기 전에 아동의 수행에 반응해 줌으로써 아동의 좌절감을 줄이고 아동이 활동에 계속 참여할 수 있도록 한다.

- 아동은 주어진 도전이나 문제가 자신이 능력범위 내에 있을 때 지속할 수 있다. 아동은 자신의 능력 범위 내에 있는 도전에 자신의 노력을 기울인다. 어린 아동은 자신이 그것을 다룰 수 있는 기술을 가지고 있는가에 따라 다음 행동을 결정한다. 아동은 자신의 수행이 성공할 수 있는지 스스로 인지하는 정도가 문제해결에 영향을 미친다. 아동은 본능적으로 자신의 능력을 초과한다고 여겨지는 과제는 회피하려 한다. 문제해결 능력이 부족한 아동은 어렵고 상당한 노력을 필요로 하는 문제나 도전에 직면할 때 다른 아동보다 이러한 상황에서 쉽게 물러난다. 하지만 아동의 능력 범위 내에 있는 문제를 제시한다면 어려움을 가지고 있음에도 불구하고 그 문제를 해결하기 위해 계속 노력하고자 할 것이다.

문제해결을 촉진하는 기본 RIS

아동의 문제해결을 증진하기 위한 전략들이다. 아동과 함께하는 일상생활 중에 통합하여 자주 적용한다.

113 아동의 세계로 들어가기
114 거울처럼 그대로 반영해 주고 평행 놀이를 하면서 활동하기
421 놀이 상대자로서 행동하기
121 한 번 하고 아동의 차례 기다리기
523 아동의 주도에 따르기
311 질문 없는 의사소통하기

출처: 김정미 역(2021). RT 반응성 교수 교육과정. 학지사. 제4부 교육과정 자료 6 참조.

Level 2. 핵심 단계

문제해결의 핵심 논의점

- 아동의 상호작용 상대자가 되어 준다. 문제해결 능력은 타고나는 것이 아니다. 부모나 교사가 문제해결 상황에서 상호작용 상대자가 되어 줄 때, 아동은 문제 해결사가 되는 법을 배운다. 부모나 교사는 아동이 문제를 해결하기 위해 '**아동이 상호작용하기를 기다리기**' 전략으로 상호 주고받으며 상호작용하거나 '**아동의 주도에 따르기**' 또는 문제해결을 위해 사용한 성공적이지 않은 '**아동의 행동과 의사소통을 모방하기**' 전략을 통해 아동이 직면하는 어려움에 반응한다. 아동과 균형 있고 상호적인 상호작용을 함으로써 좌절감을 주는 도전적인 문제의 장애나 도전에 대해 극복하려는 아동은 동기를 가지고 즐거운 활동으로 전환시킨다. 부모나 교사가 아동의 상호작용 상대자로서 행동할 때, 아동의 대안적인 해결책을 만들기 위한 노력을 격려하게 되고 궁극적으로 아동이 문제를 해결하고자 시도하는 방법을 가르치는 것이다.

- 아동의 추론 방식에 맞춘다. 아동은 장애나 문제 상황을 극복하기 위해 잘못된 추론이나 논리를 사용하기 때문에 문제에 직면하게 된다. 부모나 교사는 문제를 해결하려고 애쓰던 '실패한 전략이나 행동'을 모방하고, 그러고 나서 아동이 다른 것을 시도하도록 격려하면서 아동이 문제 상황을 지속해서 관여하도록 할 수 있다. 부모나 교사는 아동이 성공적이지 않은 전략을 반복해서 시도해 보도록 하고, 이후에 다른 방식을 제시함으로써 '다음 발달 단계로 확장'해 줄 수 있다.

- 시행착오 학습을 모델링한다. 도전에 직면했을 때 아동은 같은 전략이나 행동을 반복적으로 사용하려고 시도하지만, 그것이 문제를 성공적으로 해결하지는 못하기도 한다. 효과적인 문제해결사가 되기 위해서 아동은 다양한 해결책을 만드는 방법을 배울 필요가 있다. 부모는 ① 성공적이지 못한 전략을 모방하고, ② 스스로 만들어 내는 성공적이지 못한 전략을 모델링한 다음, ③ 성공적인 해결책을 보여 줌으로써 시행착오 학습을 지원할 수 있다. 부모나 교사는 아동과 상호 주고받는 상호작용

속에서 문제 상황에서 아동의 능동적 참여를 지속시킨다. 이것은 아동이 시행착오 절차를 거쳐 스스로 어떤 문제에서 해결책에 도달하도록 한다.

문제해결을 촉진하는 핵심 RIS

아동의 문제해결을 증진하기 위한 전략들이다. 아동과 함께하는 일상 생활 중에 통합하여 자주 적용한다.

312 아동의 행동과 의사소통을 모방하기
522 아동이 주의를 집중하는 것에 따르기
313 아동이 선택할 기회를 자주 주기
323 더욱 성숙한 반응을 만들어 내는 동안에 기다려 주기
321 아동에게 다음 발달 단계를 보여 주어 확장하기

출처: 김정미 역(2021). RT 반응성 교수 교육과정. 학지사. 제4부 교육과정 자료 6 참조.

Level 3. 심화 단계

문제해결의 심화 논의점

- 아동에게 부과되는 장애물은 현재 발달 능력 범위 내에 있어야 한다. 발달 지연이 있는 아동은 사물을 추론하거나 이해하는 데 더 많은 시간이 걸리고, 도전에 직면했을 때 자신의 흥미를 계속해서 유지하지 못하며, 부모의 방해물이 놀이라는 것을 이해할 정도의 인지적 성숙을 가지지 못한다. 따라서 부모가 아동에게 주는 장애물이 너무 발달 수준 이상이거나 너무 자주 발생하는 경우, 아동으로 하여금 자신의 흥미를 유지하지 못하고 문제를 해결하도록 동기화하지 못한다. 부모는 가끔씩 아동이 활동하는 것에 장애물을 둘 수도 있지만 '장애물'이 부모가 자녀와 상호작용하는 주된 초점이 되고, 부모의 장애물이 아동의 현재 발달 기능 수준을 넘어선다면, 이것은 아동이 그 활동에 참여하는 것을 방해하고 궁극적으로 부모와 상호작용하려는 흥미를 저해한다.

- 흥미를 유도하는 장애물은 가끔씩만 있어야 한다. 아동과 놀이하거나 상호작용하는 동안 부모는 때때로 아동이 관심을 가지고 하고 있는 것을 방해한다. 예를 들어, 아동이 좋아하는 물건을 숨기거나, 물리적 장벽을 만들거나, 부모가 요청하는 행동을 해야만 물건을 얻을 수 있도록 한다. 부모는 이러한 도전이 아동이 문제해결을 하는 데 동기화한다고 믿는다. 때로는 부모와 함께하는 것이 좋고 그래서 부모가 만든 도전을 감당해 보려고 애쓰기도 하지만, 아동이 능동적인 동기로 참여하지 않는다면 문제해결 행동은 유지되지 못한다.

문제해결을 촉진하는 심화 RIS

아동의 문제해결을 증진하기 위한 전략들이다. 아동과 함께하는 일상생활 중에 통합하여 자주 적용한다.

512 아동이 학습할 수 있는 발달 기술 인식하기

출처: 김정미 역(2021). RT 반응성 교수 교육과정. 학지사. 제4부 교육과정 자료 6 참조.

Level 4. 복습 단계

문제해결을 위한 RIS

Level 1. 기본 RIS

113 아동의 세계로 들어가기
114 거울처럼 그대로 반영해 주고 평행 놀이를 하면서 활동하기
421 놀이 상대자로서 행동하기
121 한 번 하고 아동의 차례 기다리기
523 아동의 주도에 따르기
311 질문 없는 의사소통하기

Level 2. 핵심 RIS

312 아동의 행동과 의사소통 모방하기
522 아동이 주의를 집중하는 것에 따르기
313 아동에게 선택할 기회를 자주 주기
323 더욱 성숙한 반응을 만들어 내는 동안에 조용히 기다려 주기
321 아동에게 다음 발달 단계를 보여 주어 확장하기

Level 3. 심화 RIS

512 아동이 학습할 수 있는 발달 기술 인식하기

중심축 행동 평가

중심축 행동 프로파일을 시용하여 아동의 문제해결을 평가한다. RT 중재 회기 동안 아동의 문제해결이 어떻게 변화되었는가?

문제해결

아동은 도전적이거나 어려워서 쩔쩔매게 하는 과제를 끝까지 하는가? 아동은 성공적이지 않더라도 여러 시도를 해 보고 다양한 해결책을 계속 실험해 보는가? 아동은 자신이 환경에 어떠한 영향을 미치는지 스스로 자주 평가하는가? 아동은 새롭거나 도전적인 상황을 다루는 데 창의적인가?

어느 정도인가?

10=매우 높음 대부분 문제해결을 위해 다양한 해결 방안을 시도해 보고 반복적으로 시도한다. 도전적인 상황에서 성공할 때까지 끝까지 계속한다. 심지어는 나중에 이러한 노력이 실패하더라도 놀이 활동 중 끊임없이 문제해결을 시도하는 모습이 빈번히 관찰된다.

5=중간 정도 때때로 문제를 해결하려고 시도하지만, 두세 번 시도했다가 포기하는 경향이 있다. 대체로 해결책을 찾기 위해 새로운 시도를 하지 못하기도 하며, 나를 위해 그것을 해결해 줄 어른의 도움을 재빨리 구한다.

1=매우 낮음 어려움에 부딪혔을 때 결코 재시도하지 않는다. 문제에 부딪혔을 때 쉽게 좌절하며, 장해물을 극복하기 위해 시도하기보다는 곧장 과제를 그만둔다.

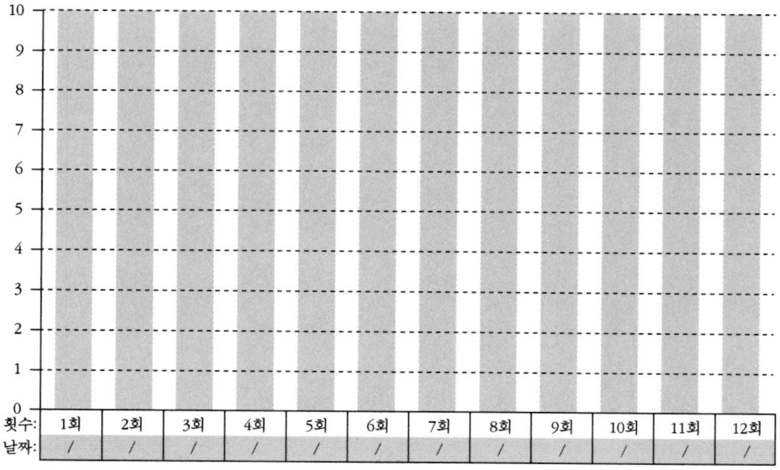

출처: 김정미 역(2021). RT 반응성 교수 교육과정. 학지사. 제4부 교육과정 자료 3 참조.

chapter 04

의사소통 영역의 RT 중재 회기 계획

1. 중심축 행동(PB): 공동활동
2. 중심축 행동(PB): 공동주의
3. 중심축 행동(PB): 언어화
4. 중심축 행동(PB): 의도적 의사소통
5. 중심축 행동(PB): 대화

다음에서는 아동의 의사소통과 언어발달을 촉진하기 위해 RT가 목표로 하는 5가지 중심축 행동에 대해 4개 단계의 중재 회기 계획을 제시하고, 각 단계에서 사용하는 논의점(DT)과 반응성 상호작용 전략(RIS)에 대해 설명하였다.

의사소통 영역의 중재 회기 계획 개요

1. 중심축 행동(PB): 공동활동
   - **Level 1.** 기본 단계
   - **Level 2.** 핵심 단계
   - **Level 3.** 심화 단계
   - **Level 4.** 복습 단계

2. 중심축 행동(PB): 공동주의
   - **Level 1.** 기본 단계
   - **Level 2.** 핵심 단계
   - **Level 3.** 심화 단계
   - **Level 4.** 복습 단계

3. 중심축 행동(PB): 언어화
   - **Level 1.** 기본 단계
   - **Level 2.** 핵심 단계
   - **Level 3.** 심화 단계
   - **Level 4.** 복습 단계

4. 중심축 행동(PB): 의도적 의사소통
   - **Level 1.** 기본 단계
   - **Level 2.** 핵심 단계
   - **Level 3.** 심화 단계
   - **Level 4.** 복습 단계

5. 중심축 행동(PB): 대화
   - **Level 1.** 기본 단계
   - **Level 2.** 핵심 단계
   - **Level 3.** 심화 단계
   - **Level 4.** 복습 단계

① 중심축 행동(PB): 공동활동(Joint Activity)

회기 목표

이번 회기의 목표는 공동활동이 아동의 의사소통과 언어발달 향상을 위해 지속적으로 해야 하는 중요한 행동임을 설명하는 것이다. 또한 아동이 공동활동을 하도록 가르치기 위해 매우 효과적이고 일상적인 상호작용에 통합할 수 있는 RIS를 배울 것이다.

공동활동이란

- 상호작용 상대자를 인식하는 상호호혜적인 상호작용을 한다.
- 목적과 의도와는 상관없이 아동의 언어적 · 비언어적 행동과 단서에 반응한다.
- 아동은 상호작용 상황에서 상대의 행동과 의사소통의 반 이상 반응한다.
- 점차 길게 상호호혜적인 상호작용을 한다.

Level 1. 기본 단계

공동활동의 기본 논의점

- **아동은 사회적 상호작용을 통해 의사소통을 배운다.** 아동은 의사소통을 위해 단어를 배우기 전에 먼저 비언어적인 사회적 상호작용을 한다. 아동은 말을 하기 전에 어른과 사회적 상호작용을 하면서 일차원적인 대화를 한다. 초기 사회적 의사소통은 물리적 감각의 교환(예: 촉각, 움직임, 소리)이며 정보를 교환하려는 의식적인 노력은 아니다. 그러나 시간이 흐르면서 아동은 점차 상호작용 과정을 인식하게 되고, 보다 능동적인 역할을 하게 된다. 그리고 더 복잡한 정보를 수반하고 점차 더 긴 상호교환적인 의사소통을 이끈다. 아동은 반복적으로 비언어적인 사회적 교환을 해 봄으로써 의사소통의 기본 규칙을 배우고 다른 사람과 의사소통하고 싶은 욕구를 증진하게 된다.

- **언어 학습은 주로 의미 있는 사회적 상호작용의 맥락에서 이루어진다.** 많은 사람들이 외국어 수업을 들어 본 경험이 있을 것이다. 많은 경우, 외국어로 대화하기 위해 실제 외국인과 의사소통 경험을 가지기보다는 대화 문장을 만들기 위한 단어와 문법을 암기하면서 어휘를 배운다. 그 결과 충분한 단어, 구절, 문법 구조를 배우는 데는 성공하지만, 그 어휘로 능숙하게 의사소통하는 것은 어려워한다. 그러나 외국어를 배우는 것은 암기식 문제풀이가 아니다. 언어를 배우는 것은 그 언어가 통용되는 장소에서 시간을 보내며 다른 사람들과 의사소통과 사회활동을 하며 빈번한 공동활동을 하는 것이다. 이것이 언어로 의사소통하는 데 필요한 단어와 문법을 빨리 습득할 수 있게 하는 중요한 방법이다.

- **아동은 다른 사람과의 상호호혜적인 사회적 활동 맥락에서 언어로 의사소통하는 법을 배운다.** 만약 우리가 아동에게 외국어 수업에서 배운 것과 같은 방식으로 말하도록 가르치면서(예: 그림이나 사물로 아동의 주의를 끌고, 그림이나 사물의 이름을 붙이고, 반복하도록 하고) 그림의 이름을 명명하도록 한다면, 아동은 일상적인 사회적 상황에서 그

단어를 적합하게 사용하지는 못할 것이다. 외국어를 배우는 과정과 마찬가지로 아동은 대개 다른 사람과 상호적인 사회적 교환 맥락에서 의미 있는 어휘를 적용하여 의사소통하는 것을 배운다.

공동활동을 촉진하는 기본 RIS

아동의 공동활동을 증진하기 위한 전략들이다. 아동과 함께하는 일상생활 중에 통합하여 자주 적용한다.

113	아동의 세계로 들어가기
114	거울처럼 그대로 반영해 주고 평행 놀이를 하면서 함께 활동하기
421	놀이 상대자로서 행동하기
312	아동의 행동과 의사소통을 모방하기
121	한 번 하고 아동의 차례 기다리기
412	기대하며 수행을 기다리기
535	아동의 상호작용 속도에 맞추기

출처: 김정미 역(2021). RT 반응성 교수 교육과정. 학지사. 제4부 교육과정 자료 6 참조.

Level 2. 핵심 단계

공동활동의 핵심 논의점

- 비언어적 의사소통의 부족은 아동의 언어발달 속도를 방해한다. 언어발달 지연이 있는 아동은 대개 비언어 의사소통의 빈도가 낮다. 이 문제는 여러 요인으로 야기될 수 있다. 첫째, 언어발달 지연 아동은 심지어 다른 사람이 근처에 있을 때에도 혼자서 노는 것을 선호한다. 둘째, 배고프거나 피곤하거나 불편하거나 또는 욕구충족의 필요를 갖지 않는 한 다른 사람과 접촉하려 하지 않는다. 셋째, 누군가 다가와 접촉하고자 하면 외면하거나 잠시만 머무르거나 빠른 시간 안에 상호작용을 끝낸다.

- 아동이 빈번히 공동활동을 하지 않는다면 의사소통 방법을 배울 기회를 갖지 못한다. 다른 사람과 교류하거나 비언어적 의사소통에 관심이 없다면 단어를 배우고 언어를 사용하는 것에도 관심이 없다.

- 균형 있는 상호작용은 아동의 공동활동을 촉진한다. 공동활동은 아동도 부모도 누가 누구를 지배해서는 안 되는 양방적 과정이다. '한 번 하고 아동의 차례 기다리기'는 부모가 '균형 있는 상호작용'을 촉진하는 데 가장 효과적인 전략이다. 그리고 '아동이 더 많이 의사소통하도록 어른이 적게 말하기'는 부모가 균형 있는 상호작용을 하는 데 방해가 되는 문제(예: 부모 차례 동안 너무 많은 이야기를 하는 것)를 다루는 전략이다. 부모가 말을 적게 할수록 아동은 스스로 행동하거나 의사소통할 기회를 더 많이 가지게 된다. '내가 준 만큼 아동에게 받기'는 아동이 공동활동에 적극적으로 참여하도록 천천히 자극을 주는 것이다.

- 일상에서의 빈번한 상호작용은 아동의 공동활동을 촉진한다. 부모는 아동과 함께 공동활동을 하기 위해 하루 중 2~3번 구체적인 시간 계획을 한다. 공동활동은 아동의 일상 활동에서 일어나야 하며, 한 번에 5~10분 이상일 필요는 없다. 아동이 사회적 접촉을 시도할 때마다 부모는 아동의 상호작용을 유지시키기 위해 반응성 상호작용

전략을 사용할 수 있다. 부모와의 상호작용을 피하는 경향이 있는 아동에 대해 부모는 아동이 일상 활동에 자연스럽게 능동적으로 개입을 촉진함으로써 사회적 상대자를 가지는 것에 익숙하도록 한다. 부모가 아동과 반응적으로 상호작용할수록 아동은 혼자 하는 활동보다 사람들과 상호작용하는 것을 좋아하게 된다. 공동활동의 기회가 많아지면 아동의 비언어적 의사소통의 빈도가 증가하며 따라서 아동의 의사소통 발달 속도가 빨라진다.

공동활동을 촉진하는 핵심 RIS

아동의 공동활동을 증진하기 위한 전략들이다. 아동과 함께하는 일상생활 중에 통합하여 자주 적용한다.

115 아동이 상호작용하기를 기대하기
422 재미있게 상호작용하기
125 아동이 더 많이 의사소통하도록 어른이 적게 말하기
124 내가 준 만큼 아동에게 받기

출처: 김정미 역(2021). RT 반응성 교수 교육과정. 학지사. 제4부 교육과정 자료 6 참조.

Level 3. 심화 단계

공동활동의 심화 논의점

- 공동활동에 장난감은 필수적이지 않다. 부모가 아동에게 가장 효과적인 장난감이 될 수 있다. 사회적 관계를 형성하고 의사소통하는 법을 배우기 위해 아동은 단지 자신의 욕구를 만족시키는 것이 아닌 사람들과 함께 즐기는 상호작용을 배워야 한다. 부모가 아동과 상호작용하는 방식은 아동으로 하여금 다른 사람과 어떻게 관계를 맺을지에 대한 자신의 생각을 형성하게 한다. 부모가 일상에서 일대일 상호작용을 하며 경험과 생각을 공유하며 즐거움을 가지는 것에 초점을 둘 때, 아동은 사람들과 함께하는 즐거움을 배울 수 있다. 이러한 관계(encounter)는 아동에게 다른 어른 또는 아동과 상호작용할 기회를 찾는 데 동기를 불러일으키며, 또한 언어와 의사소통 학습에 필수적 요소이기도 하다. 부모는 아동의 가장 가치로운 장난감이 됨으로써 아동이 다른 사람과 개인적으로 관계를 형성하는 법을 학습하도록 한다. 효과적인 장난감이 되기 위해서 부모는 작동하고 즐거운 장난감의 특성을 가질 수 있다. 예를 들어, 놀라움과 도전이 있고, 아동의 물리적 자극에 반응하며, 아동이 주의를 빼앗기지 않도록 더 흥미롭게 행동한다.

- 아동이 함께하는 공동활동에 오래 참여할수록 의사소통 능력은 더욱 정교해진다. 아동이 상호작용하며 오래 머물도록 함으로써 부모는 더 많이 아동에게 언어 학습의 기회를 제공할 수 있다. 이는 단어나 구절을 가르치는 것보다 효과적으로 아동이 의사소통하는 법을 학습하도록 한다. 부모가 아동과 상호작용하는 양을 늘리는 것은 소통을 위한 실행 시간을 늘리는 것이며, 상호작용 시간을 늘리는 것은 자연스럽게 어휘를 늘리고 더 많은 언어를 사용할 수 있게 한다.

공동활동을 촉진하는 심화 RIS

아동의 공동활동을 증진하기 위한 전략들이다. 아동과 함께하는 일상생활 중에 통합하여 자주 적용한다.

414	아동의 주의를 빼앗기지 않도록 더욱 흥미롭게 놀이하기
131	장난감을 사용하지 않고 서로 마주 보며 놀이하기

출처: 김정미 역(2021). RT 반응성 교수 교육과정. 학지사. 제4부 교육과정 자료 6 참조.

Level 4. 복습 단계

공동활동의 논의점 요약

- 부모와 다른 사람들이 아동으로 하여금 상호호혜적 공동활동에 참여하도록 격려할 때, 아동의 의사소통 능력은 빠르게 발달한다. **의사소통을 하고자 하는 아동의 욕구는 아동이 단어를 사용하여 의사소통하고자 하는 동기를 부여하기 때문에 부모와 함께하는 빈번한 공동활동은 아동의 조기 언어발달을 촉진하는 데 중요한 역할을 한다.** 의사소통 발달 중재의 주요 목표는 아동이 알고 말할 수 있는 단어의 수가 아니라 부모나 다른 사람들과 함께 의미 있고 즐거운 상호적 의사소통에 참여하는 능력에 초점을 두어야 한다.

공동활동을 위한 RIS

Level 1. 기본 RIS

113 아동의 세계로 들어가기
114 거울처럼 그대로 반영해 주고 평행 놀이를 하면서 함께 활동하기
421 놀이 상대자로서 행동하기
312 아동의 행동과 의사소통을 모방하기
121 한 번 하고 아동의 차례 기다리기
412 기대하며 수행을 기다리기
535 아동의 상호작용 속도에 맞추기

Level 2. 핵심 RIS

115 아동이 상호작용하기를 기대하기
422 재미있게 상호작용하기
125 아동이 더 많이 의사소통하도록 어른이 적게 말하기
124 내가 준 만큼 아동에게 받기

Level 3. 심화 RIS

414 아동의 주의를 빼앗기지 않도록 더 흥미롭게 놀이하기
131 장난감을 사용하지 않고 서로 마주 보며 놀이하기

중심축 행동 평가

중심축 행동 프로파일을 사용하여 아동의 공동활동을 평가한다. RT 중재 회기 동안 아동의 공동활동이 어떻게 변화되었는가?

공동활동

아동은 상대방과 능동적으로 또는 상호적으로 상호작용하는가? 상대방과 아동은 상호작용 활동을 위해 서로에게 주의를 기울이는가? 서로의 행동과 단서에 반응하는가? 상대방과 함께하는 상호작용은 협력적이고 주고받는 식으로 특징지을 수 있는가?

어느 정도인가?

10=매우 높음 지속적으로 상대방을 찾아내고, 놀이를 주도하며, 능동적으로 다른 사람이 나와 함께 계속해서 놀이하도록 유도한다. 다른 사람이 나와 함께 놀이하게 하기 위해 애쓴다. 상당한 시간 동안 일반적인 활동에서 다른 사람과 함께 지속적으로 참여한다. 행동은 상호작용 중에 상대방이 하는 행동에 따라 영향을 받는다.

5=중간 정도 경우에 따라 서로의 목적을 위하여 다른 사람과 함께 활동에 참여한다. 다른 사람과 함께 상호작용하는 시간의 대부분은 간단한 일련의 공동활동(예: 한 번에 20초 이내)으로 보낸다. 공동활동 에피소드는 어른 상대방과 함께하는 시간 가운데 절반 정도로 나타난다.

1=매우 낮음 공동의 목적에 초점을 둔 상대방과 함께 활동에 참여하는 일이 거의 없다. 상대방을 거의 주시하지 않으며, 욕구 충족을 위해서만 상대방을 이용한다. 만일 놀이를 하기 위해서 상대방을 이용한다면, 어떠한 공유활동도 목적도 없는 형태다. 일반적으로 내가 도움이 필요할 때를 제외하고는 상대방과 독립적으로 행동한다.

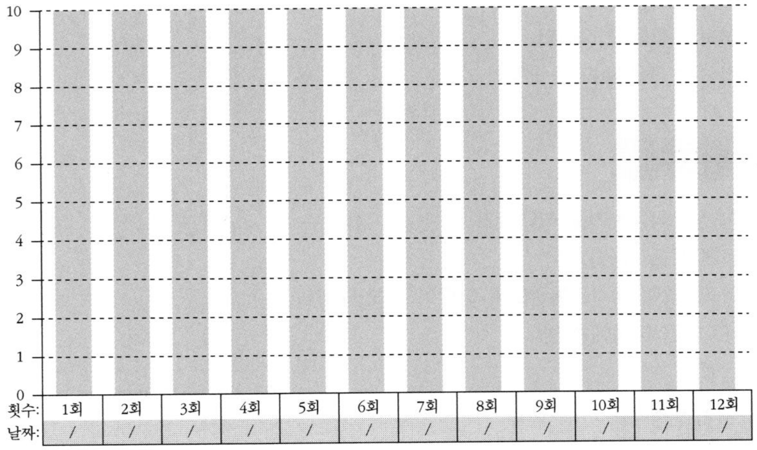

출처: 김정미 역(2021). RT 반응성 교수 교육과정. 학지사. 제4부 교육과정 자료 3 참조.

② 중심축 행동(PB): 공동주의(Joint Attention)

회기 목표

이번 회기의 목표는 공동주의가 아동의 의사소통과 언어발달 향상을 위해 지속적으로 해야 하는 중요한 행동임을 설명하는 것이다. 또한 아동이 공동주의를 하도록 가르치기 위해 매우 효과적이고 일상적인 상호작용에 통합할 수 있는 RIS를 배울 것이다.

공동주의란

- 아동은 의사소통 상대자와 빈번히 눈을 맞추고 행동을 공유한다.
- 아동은 상대의 몸짓, 시선, 의사소통을 따라 한다.
- 아동은 발성, 손짓, 쳐다보기, 또는 단어를 사용하여 원하는 것을 보여준다.

Level 1. 기본 단계

공동주의의 기본 논의점

- 공동주의는 아동의 어휘를 발달을 증진한다. 공동주의는 아동이 단어와 문장을 학습하는 데 필요한 기초역량이다. 공동주의 능력이 가능해졌을 때, 아동은 부모와 다른 사람이 자신의 환경에서 나타내는 단어와 문장을 더 빠르게 배우기 시작한다. 공동주의를 배우는 데 어려움이 있는 아동은 언어 학습에 필수적인 인지 능력을 가지고 있다 하더라도 새로운 단어와 문장을 습득하는 데 어려움이 있다.

- 공동주의는 언어 학습 초기단계에서 점진적으로 발달한다. 공동주의는 생후 초기부터 3단계로 발달한다. 1단계는 '주의(관심) 공유하기(shared attention)'이며, 이는 부모와 아동이 장난감을 가지고 놀이하는 상황에서 아동이 부모의 시선을 의식하는 모습으로 설명할 수 있다. 2단계는 '관심 따르기(following attention)'이다. 여기서 시각적 응시, 손짓, 몸짓 등을 사용하여 자신의 주의를 돌린다. 이는 일반적으로 아동의 첫 단어 시작과 함께 발생하며 이후 계속해서 발달한다. 마지막 3단계는 '관심 끌기(directing attention)'이며, 이 단계에서 아동은 의도적인 의사소통 행동(예: 손짓, 시선, 발성)을 함으로써 부모의 주의를 외부 사물로 이끈다. 이 단계에서 아동은 어른에게 무엇을 하라고 지시하거나 어른에게 어떤 것을 보여 주며 의사소통한다.

- 공동주의는 자폐스펙트럼장애(ASD)와 같이 사회적 상호작용 문제를 가지고 있는 아동의 언어 학습과 관련이 있다. 사회적 사회작용을 피하고 혼자 놀기를 좋아하는 아동은 언어 학습 행동을 배우는 데 심각한 어려움이 있다. 이러한 아동에게 공동주의 향상을 돕는 것은 새로운 단어를 학습하고 사용하는 속도를 극적으로 증가시킬 수 있다.

공동주의를 촉진하는 기본 RIS

아동의 공동주의를 증진하기 위한 전략들이다. 아동과 함께하는 일상생활 중에 통합하여 자주 적용한다.

113 아동의 세계로 들어가기
114 거울처럼 그대로 반영해 주고 평행 놀이를 하면서 함께 활동하기
421 놀이 상대자로서 행동하기
312 아동의 행동과 의사소통을 모방하기
121 한 번 하고 아동의 차례 기다리기
412 기대하며 수행을 기다리기

출처: 김정미 역(2021). RT 반응성 교수 교육과정. 학지사. 제4부 교육과정 자료 6 참조.

Level 2. 핵심 단계

공동주의의 핵심 논의점

- 눈 맞춤을 한다. 부모나 교사는 아동과 얼굴을 마주 보며 눈 맞춤을 할 수 있다. 이러한 자세가 불편하고 불쾌할 수 있으므로 부모는 가능한 한 눈 맞춤을 달래며 재미있게 해야 한다. 아동이 눈 맞춤을 끝내거나 피했을 때 부모는 자세를 바꾸어 다시 눈 맞춤을 시도해야 한다.

- 아동의 주의를 끌기 위해 다양한 단서를 사용한다. 아동의 비언어적 단서를 과장해서 사용함으로써 아동은 부모의 주의에 따르는 것을 배운다. 이러한 비언어적 단서는 단어의 의미를 묘사하는 과장된 표정, 보여 주기, 만지기, 또는 가리키기 등을 포함한다. 또한 비언어적 단서는 부모가 언급하는 것(예: "예쁜 인형 보여? 저것 좀 봐! 저기 있는 저 인형 봐봐.")을 아동이 인식하고 특정 환경에 주의를 가지도록 한다. 부모는 이러한 지시와 강조된 억양, 과장된 표정(예: 놀란 표정 등) 그리고 명확하게 사물을 가리키는 것을 동반해야 한다.

- 의도적이든 아니든 아동의 주의를 끄는 단서에 반응한다. 초기 발달 단계에서 아동은 의도적이라기보다는 우연적으로 부모나 교사의 주의를 이끌고자 한다. 아동이 사물을 쳐다보고 부모가 그것을 집어 주는 것으로 반응하였을 때, 아동은 부모에게 영향을 미친 자신의 능력을 인식하지 못한다. 그러나 아동이 첫 단어를 습득하기 전, 손을 뻗어 부모의 주의를 끄는 등의 분명한 행동을 하기 시작한다. 신체를 이용하여 주의를 끄는 것이 효과적이기는 하지만, 다른 사람의 주의를 끌기 위해 몸짓, 발성 또는 실제 단어를 사용하는 것에 비하면 매우 비효율적이다. 이러한 이유로 아동이 단어를 습득하기 시작하면서 더 효과적으로 주의를 끌 방법을 찾는다. 주의를 끌기 위한 아동의 비언어적 단서에 빈번하게 반응할수록 아동은 더 효과적으로 주의를 끄는 방법을 빠르게 발달시킨다.

- 부모가 아동에게 먼저 세심한 주의를 기울일 때 아동은 상대에게 주의를 기울인다. 만일 아동이 부모에게 주의를 기울이지 않는다면, 부모는 아동의 주의를 끌기 위해 더욱 노력해야 한다. 아동이 주의를 집중하도록 도울 수 있는 방법 중 하나는 아동의 흥미와 활동에 매우 반응적이 되는 것이다. 부모가 아동이 흥미를 느끼는 활동이나 행동에 주의를 기울인다면, 아동도 마찬가지로 부모에게 주의를 기울이고 협력하게 된다. 반응적인 부모는 주로 아동의 현재 흥미나 활동에 관련된 정보에 주의를 기울이도록 하는 경향이 있다. 아동이 흥미로워하는 활동 중에 부모가 아동의 주의를 끄는 데 성공한다면 궁극적으로 흥미가 떨어지는 상황에서도 부모에게 주의를 집중하게 된다.

공동주의를 촉진하는 핵심 RIS

아동의 공동주의를 증진하기 위한 전략들이다. 아동과 함께하는 일상생활 중에 통합하여 자주 적용한다.

222 작은 행동에도 즉각적으로 반응하기
522 아동이 주의를 집중하는 것에 따르기
424 아동이 즐거워하는 활동 반복하기
411 활기 있게 행동하기

출처: 김정미 역(2021). RT 반응성 교수 교육과정. 학지사. 제4부 교육과정 자료 6 참조.

Level 3. 심화 단계

공동주의의 심화 논의점

- 공동주의는 아동이 느낌, 관찰 내용, 사물, 또는 행동을 표현하는 상대의 단어와 문장을 이해하기 위하여 맥락과 비언어적 단서를 통하여 언어에 담긴 의미를 배우도록 돕는다. 아동이 언어를 학습하는 방식은 어른이 외국어를 배우는 방식과 같다. 낯선 외국에 갔을 때 그 나라 언어를 어떻게 알아 가는가? 이는 아동이 언어를 배우는 데 필요한 과정이기도 하다. 외국어를 듣는 것은 일정하게 흘러가는 소리를 듣는 것 같아서 처음에 한 단어의 시작과 끝을 구별하는 것은 힘들다. 따라서 의사소통할 때 외국인 상대가 한 번에 한 단어나 두세 단어만 사용하고 천천히 끊어 말한다면 이해하기 좀 더 수월할 것이다.

- 외국어 학습과 마찬가지로 아동은 다른 사람과 상호작용하는 맥락에서 단어에 담긴 의미를 배운다. 아동은 단어를 배우는 데 부모의 몸짓, 시선, 미소, 목소리 억양, 그리고 문장의 반복 등의 영향을 받는다. 또한 아동은 부모가 천천히 분명하게 말하는지와 아동과 관련된 활동과 사물뿐 아니라 아동의 감정과 생각을 나타내는 단어를 사용하는지에 따라 영향을 받는다.

공동주의를 촉진하는 심화 RIS

아동의 공동주의를 증진하기 위한 전략들이다. 아동과 함께하는 일상생활 중에 통합하여 자주 적용한다.

415 억양, 손짓, 그리고 비언어적 몸짓을 사용하여 의사소통하기

출처: 김정미 역(2021). RT 반응성 교수 교육과정. 학지사. 제4부 교육과정 자료 6 참조.

Level 4. 복습 단계

공동주의의 논의점 요약

- 어른이 외국어에 담긴 의미를 잘 이해하기 위해서는 상대방이 ① 드러내는 감정 표현이나 시선과 같은 단서, ② 주의를 끌기 위한 지시와 몸짓, 또는 ③ 우리와 직접적으로 관련된 단어를 얼마나 효과적으로 사용하는가에 달려 있다.

공동주의를 위한 RIS

Level 1. 기본 RIS

113 아동의 세계로 들어가기
114 거울처럼 그대로 반영해 주고 평행 놀이를 하면서 함께 활동하기
421 놀이 상대자로서 행동하기
312 아동의 행동과 의사소통을 모방하기
121 한 번 하고 아동의 차례 기다리기
412 기대하며 수행을 기다리기

Level 2. 핵심 RIS

222 작은 행동에도 즉각적으로 반응하기
522 아동이 주의를 집중하는 것에 따르기
424 아동이 즐거워하는 활동 반복하기
411 활기 있게 행동하기

Level 3. 심화 RIS

415 억양, 손짓, 그리고 비언어적 몸짓을 사용하여 의사소통하기

중심축 행동 평가

중심축 행동 프로파일을 사용하여 아동의 공동주의를 평가한다. RT 중재 회기 동안 아동의 공동주의는 어떻게 변화되었는가?

공동주의

아동은 상대방과 빈번히 언어적 발성을 하며, 함께 활동을 나누거나 눈을 마주치는가? 상대방에게 내가 원하는 것이나 관심 있는 것에 대해 단어, 발성, 몸짓을 사용하거나 쳐다보며 자신의 관심을 전달하려고 시도하는가? 아동은 상대방의 주의를 끌기 위해 사용하는 몸짓, 표정, 눈짓 또는 다른 종류의 의사 전달 방식에 따르는가?

어느 정도인가?

10=매우 높음 자주 그리고 길게 상대방과 공동 주의를 갖는다. 빈번히 눈 맞춤을 하고, 그들이 주의를 끌기 위해 사용하는 단서에 반응한다. 또한 빈번히 장난감이나 사물을 보여 주거나, 함께할 것을 권하거나, 상대방의 주의를 끌기 위하여 비언어적인 신호나 단어를 사용하면서 경험을 공유한다.

5=중간 정도 함께하는 시간 중 절반 정도는 확언, 단서 또는 정보에 대해 말하면서 상대방과 눈 맞춤을 한다. 눈 맞춤을 하거나, 다른 공유하는 활동에 참여하는 시간을 가지지만, 주의를 주지 않는 시간 역시 그와 동일하다.

1=매우 낮음 상대방의 주의를 얻기 위한 시도를 하거나 눈 맞춤을 하는 경우가 거의 없다. 상대방 반응에 주의를 기울이거나 단서를 알아차리기 위해 상대방에게 말을 걸지도 않고 오직 행동에 집중할 뿐이다. 상대방에게 요구나 관심을 알리기 위해 어떤 물건을 가져오기도 한다.

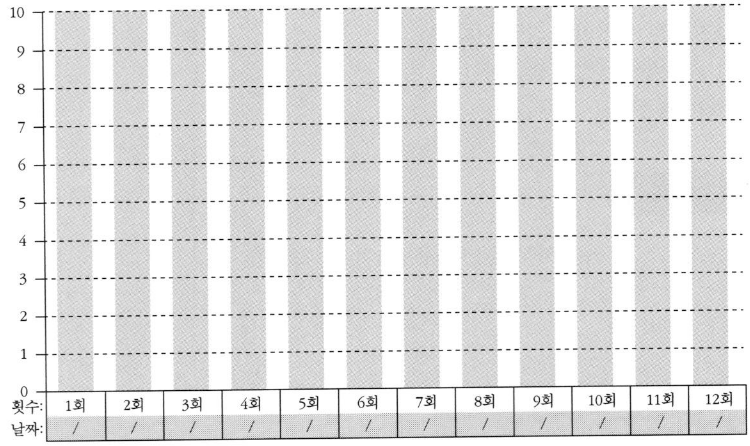

출처: 김정미 역(2021). RT 반응성 교수 교육과정. 학지사. 제4부 교육과정 자료 3 참조.

③ 중심축 행동(PB): 언어화(Vocalization)

● 회기 목표

이번 회기의 목표는 언어화가 아동의 의사소통과 언어발달 향상을 위해 지속적으로 해야 하는 중요한 행동임을 설명하는 것이다. 또한 아동이 언어화를 하도록 가르치기 위해 매우 효과적이고 일상적인 상호작용에 통합할 수 있는 RIS를 배울 것이다.

● 언어화란

- 아동은 옹알대는 것, 발성, 노래 또는 단어와 같은 소리를 실행하거나 반복한다.
- 아동은 단어의 의미나 정확도와 상관없이 소리를 빈번히 만들어 낸다.

Level 1. 기본 단계

언어화의 기본 논의점

- 아동은 먼저 소리를 만들 수 있어야 말을 할 수 있게 된다. 단어를 생산할 수 있을 만큼 충분한 발성 수준에 도달하기 위해서는 혼자서 혹은 다른 사람과 많은 시간에 걸쳐 소리를 내며 함께 해야 한다. 아동이 능숙하게 발성하지 못한다면, 언어를 학습하는 데 필요한 인지적 · 언어적 기술이 있더라도 단어를 만들어 내지 못할 것이다. 아동이 단어를 소리 내어 말하는 것이 어렵다고 생각된다면, 부모나 교사는 아동이 만드는 아주 사소한 발성에 대해서도 자주 반응해 주면서 조용한 아동의 성향을 변화시키려는 노력을 꾸준히 해야 한다.

- 아동은 반복해서 발성하면서 소리를 만드는 법을 배운다. 아동의 초기 소리 생성은 자동적이고 생래적인 반응이다. 일반적으로 정상적인 청각을 가진 아동은 약 5개월에 발성의 전환점을 맞는다. 청각장애 아동도 일반적으로 생후 4~5개월까지는 소리를 만들어 내며 정상적인 청각을 가진 아동이 만들어 내는 소리와 다르지 않다. 그러나 약 5개월부터는 소리가 급격히 감소하여 발성을 만들어 내지 못하게 된다.

- 아동의 언어발달은 아동이 만들어 낸 소리에 대해 언어적 피드백을 받느냐에 따라 영향을 받으며, 더욱 복잡한 발성을 만들고 실행하도록 한다. 아동은 자신이 만들어 내는 모든 발성에 다른 사람이 반응해 준다는 확신을 가질 때 더 많이 발성을 만들어 낸다. 발성이 없는 아동이더라도 아동이 만들어 낸 몇 안 되는 발성에 매우 적극적으로 반응해 준다면 아동의 발성 빈도는 증가할 것이다.

언어화를 촉진하는 기본 RIS

아동의 언어화를 증진하기 위한 전략들이다. 아동과 함께하는 일상생활 중에 통합하여 자주 적용한다.

312	아동의 행동과 의사소통을 모방하기
121	한 번 하고 아동의 차례 기다리기
412	기대하며 수행을 기다리기
115	아동이 상호작용하기를 기대하기
125	아동이 더 많이 의사소통하도록 어른이 적게 말하기
414	아동의 주의를 빼앗기지 않도록 더 흥미롭게 놀이하기

출처: 김정미 역(2021). RT 반응성 교수 교육과정. 학지사. 제4부 교육과정 자료 6 참조.

Level 2. 핵심 단계

언어화의 핵심 논의점

- 소리 놀이(vocal play)는 아동이 소리를 더 많이 만들어 내도록 이끈다. 소리를 주고받으며 하는 놀이는 자연스럽게 소리를 내는 방식을 보여 주는 기회가 된다. 부모는 아동이 만들어 내는 소리나 단어를 즉각적으로 모방하고 아동이 시도하는 미성숙한 소리에 맞추어 반응해 줌으로써, 아동이 발성을 반복해서 실행하도록 격려한다. 소리를 서로 주고받으면서 아동이 만들어 낸 소리에 맞춰 반응해 줄수록 아동은 자신이 어떻게 소리를 내는지 인식하게 되고 자신의 소리를 변화하려는 동기를 가지게 된다.

- 단순히 소리를 주고받음으로써 부모는 더 효과적으로 아동의 언어 학습을 도울 수 있다. 대부분의 부모나 교사는 아동이 내는 소리를 단어로 수정해 주려고 한다. 그러나 아동은 소리를 주고받는 놀이를 하면서 더 효과적으로 말하는 방법을 배운다. 아동이 단어를 정확하게 말하도록 하기보다는 어른이 내는 소리 유형을 비슷하게 따라 하려 할 때, 아동은 더 오랫동안 소리를 주고받으며 유지한다.

언어화를 촉진하는 핵심 RIS

아동의 언어화를 증진하기 위한 전략들이다. 아동과 함께하는 일상생활 중에 통합하여 자주 적용한다.

222 작은 행동에도 즉각적으로 반응하기
515 아동이 의사소통하는 방식으로 대화하기

출처: 김정미 역(2021). RT 반응성 교수 교육과정. 학지사. 제4부 교육과정 자료 6 참조.

Level 3. 심화 단계

언어화의 심화 논의점

- 아동은 기계적이고 반복적인 훈련이 아닌 사회적 의사소통 맥락에서 가장 효과적으로 구강근육 기술을 발달시킨다. 전문가들은 종종 아동이 말을 하는 데 필요한 구강근육 기술을 배우도록 고안된 기계적이고 반복적인 훈련이 필요하다고 제안한다. 그러나 여러 소리를 조합하려면 다양한 근육을 사용해야 하기 때문에 일상적인 소리 교환을 통해 소리내기를 실행하면서 아동의 구강근육 기술을 발달시키는 것이 더욱 효과적이다.

- 말은 단순히 근육의 움직임이 아니라 사회적 과정이다. 말을 위한 소리를 만들어 내는 것은 신체적 훈련 이상의 것이며, 이는 사회적 과정이라고 할 수 있다. 적합한 말소리를 배우기 위해 아동은 소리 내는 방법을 배우는 것뿐 아니라, 다른 사람들은 어떻게 소리를 만들어 내는지 경험하는 것도 필요하다. 아동은 대화 상대자에게 주의를 기울이고 자주 상호작용하며, 다른 사람들로부터 피드백을 받고 자신의 소리를 미세하게 조정하는 기회를 가진다.

언어화를 촉진하는 심화 RIS

아동의 언어화를 증진하기 위한 전략들이다. 아동과 함께하는 일상생활 중에 통합하여 자주 적용한다.

123 소리를 주고받으며 놀이하기

출처: 김정미 역(2021). RT 반응성 교수 교육과정. 학지사. 제4부 교육과정 자료 6 참조.

Level 4. 복습 단계

언어화의 논의점 요약

- 아동은 자연적 환경에서 일상적인 상호작용 중에 구강근육 기술을 증진시킨다.

언어화를 위한 RIS

Level 1. 기본 RIS

312 아동의 행동과 의사소통을 모방하기
121 한 번 하고 아동의 차례 기다리기
412 기대하며 수행을 기다리기
115 아동이 상호작용하기를 기대하기
125 아동이 더 많이 의사소통하도록 어른이 적게 말하기
414 아동의 주의를 빼앗기지 않도록 더 흥미롭게 놀이하기

Level 2. 핵심 RIS

222 작은 행동에도 즉각적으로 반응하기
515 아동이 의사소통하는 방식으로 대화하기

Level 3. 심화 RIS

123 소리를 주고받으며 놀이하기

중심축 행동 평가

중심축 행동 프로파일을 사용하여 아동의 언어화를 평가한다. RT 중재 회기 동안 아동의 언어화가 어떻게 변화되었는가?

언어화

아동은 단순한 소리, 발성, 노래 또는 단어를 포함한 음성을 만들어 내고 반복하는가? 아동은 혼자서 혹은 다른 사람에게 빈번히 소리를 내는가?

어느 정도인가?

10=매우 높음 혼자서 놀이할 때나 다른 사람과 함께 놀이하는 동안, 빈번히 소리를 만들어 낸다. 의사소통을 위해서뿐 아니라 개인적인 자극을 위하여 상호작용하는 내내 소리를 낸다. 빈번히 다양한 소리를 시도해 보고 만들어 낸다.

5=중간 정도 경우에 따라 혼자서 놀거나 다른 사람과 노는 동안 소리를 만들어 낸다. 때때로 오랜 기간 침묵하기도 하지만, 또 한동안은 자주 소리를 내는 에피소드를 가진다. 사람들과는 발성을 많이 하지만 혼자 있을 때에는 거의 하지 않는 등 언어 표현 양상은 일관적이지 않다.

1=매우 낮음 목소리로 소리를 내는 일이 드물다. 긴 시간 동안 침묵으로 보낸다. 만일 소리를 만들어 내더라도 범위가 제한적이다.

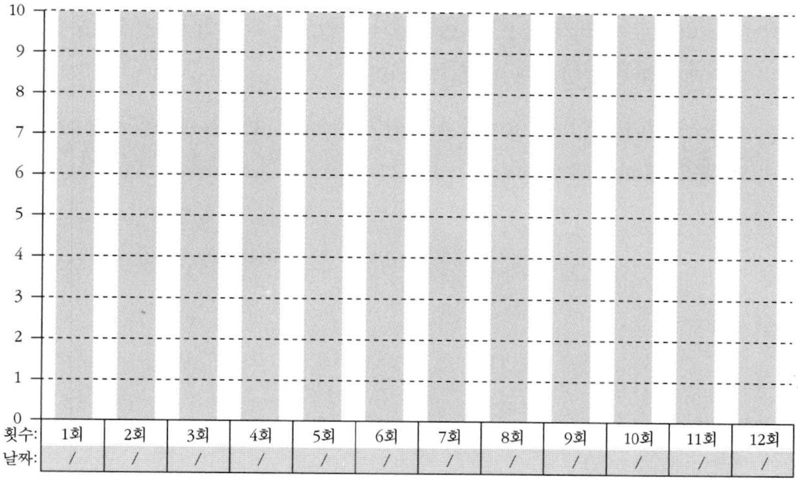

출처: 김정미 역(2021). RT 반응성 교수 교육과정. 학지사. 제4부 교육과정 자료 3 참조.

4 중심축 행동(PB): 의도적 의사소통(Intentional Communication)

회기 목표

이번 회기의 목표는 의도적 의사소통이 아동의 의사소통과 언어발달 향상을 위해 지속적으로 해야 하는 중요한 행동임을 설명하는 것이다. 또한 아동이 의도적 의사소통을 하도록 가르치기 위해 매우 효과적이고 일상적인 상호작용에 통합할 수 있는 RIS를 배울 것이다.

의도적 의사소통이란

- 아동은 비의도적 또는 의도적인 신체 움직임, 쳐다보기, 울음, 몸짓 표현, 손가락으로 가리키기, 또는 소리내기 방법으로 자신의 의도(즉, 요구, 감정, 관찰)를 상대방에게 알리고자 한다.
- 아동은 단어나 신호(sign)를 사용하여 자신의 의도를 상대방에게 알리고자 한다.

Level 1. 기본 단계

의도적 의사소통의 기본 논의점

- 의도적으로 의사소통하는 방식은 아동이 다른 사람에게 자신의 감정, 요구 및 관찰 내용을 전달하는 능력을 인식하게 됨에 따라 점진적으로 학습하게 된다. 의도적 의사소통은 복잡한 과정이다. 이는 아동의 울음, 쳐다보기, 손 뻗치기와 같은 본능적인 행동에서 시작하여, 이러한 행동이 어떠한 반응을 이끌어 내는지 인식함에 따라 자신의 요구, 감정 및 관찰 내용을 전달하는 능력으로 발전하게 된다. 아동은 처음에는 비언어적 표식(예: 미소, 손 뻗치기 등)을 사용하는 것으로 의도적 의사소통 방법을 시작한다. 그다음으로 발성을 사용하는 방법을 배우고, 마지막으로 감정, 관찰 내용 그리고 요구사항을 전달하기 위해 단어를 사용하는 방법을 배운다.

- 아동이 자신의 의도를 인식하고 표현하는 능력은 새로운 단어를 학습하고 사용하는 데 필수적이다. 아동은 점차적으로 자신이 어떻게 느끼는지, 원하는 것이 무엇인지, 그리고 무엇을 흥미로워하는지를 다른 사람에게 전달하는 정교한 의사소통 방식을 발달시킨다. 아동이 이러한 기술을 발달시키지 못한다면 아무리 반복적인 암기를 통해 단어를 학습하였더라도 다른 사람과 상호작용을 하는 동안에 단어를 사용하여 의사소통하는 것에 관심이 없을 것이다. 따라서 아동이 비언어적 표현으로 자신의 감정, 요구 및 관찰 내용을 능숙하게 전달하고 자신의 의도를 전달하고자 하는 의지가 강해지면 다른 사람이 의사소통하면서 사용하는 단어와 의사소통 방식을 주의 깊게 살피게 되고, 이는 아동이 빠르게 언어를 습득하도록 촉진한다.

- 의사소통을 위해 단어를 학습하게 하는 핵심은 아동이 다른 사람과 비언어적인 의사소통 기회를 빈번하게 가지는 것이다. 비언어적인 의사소통을 통해 아동은 단어에 담긴 의미를 배울 뿐 아니라, 다른 사람과 나누고 싶은 감정, 요구 그리고 관찰 내용을 전달하는 데 단어가 어떻게 사용될 수 있는지를 인식하게 된다.

의도적 의사소통을 촉진하는 기본 RIS

아동의 의도적 의사소통을 증진하기 위한 전략들이다. 아동과 함께하는 일상생활 중에 통합하여 자주 적용한다.

421 놀이 상대자로서 행동하기
312 아동의 행동과 의사소통을 모방하기
121 한 번 하고 아동의 차례 기다리기

출처: 김정미 역(2021). RT 반응성 교수 교육과정. 학지사. 제4부 교육과정 자료 6 참조.

Level 2. 핵심 단계

의도적 의사소통의 핵심 논의점

- 아동의 의도적 의사소통 발달의 첫 단계는 자신의 비의도적 행동이 다른 사람에게 영향을 준다는 것을 인식하는 것이다. 부모나 교사가 아동의 행동이 마치 의미가 있는 것처럼 반응해 줄 때 아동의 의사소통 능력은 증진된다. 예를 들어, 아동이 자신의 손을 무심코 움직였을 때 부모가 이러한 동작에 인사로써 의미를 부여하여 "안녕하세요." 라고 반응해 줄 수 있다. 어떤 소리나 동작이든지 그것이 상대방에게 영향을 미치는 것이라면 의사소통을 위한 행동이 될 수 있다. 어린 아동은 자신이 만들어 내는 초기 비의도적인 행동으로 의사소통을 시작한다. 아동의 수많은 미묘한 비언어적 표현에 부모가 반응해 줄 때, 아동은 자신의 어떤 행동이든 의사소통에 영향을 줄 수 있다는 것을 인식하게 된다. 아동은 자신의 행동이 사람의 주의를 끌고, 정보나 자신의 의도를 전달할 수 있다는 사실을 알아야 한다. 아동은 자신의 몸짓이나 발성이 다른 사람에게 영향을 미친다고 인지할 때, 그것을 자신의 감정과 욕구를 표현하는 데 사용할 수 있다. 즉, 의도적인 의사소통을 위한 도구가 될 수 있다. 부모가 아동의 비의도적 표현에 더 자주 반응할수록 아동은 자신의 의도를 전달하는 데에 이러한 표현이 얼마나 강력한지 더 빨리 이해하게 된다.

- 아동의 초기 의사소통은 반드시 이해가 되어야 하는 것이 아니다. 부모는 아동이 시도하는 모든 의사소통 내용을 이해할 필요는 없다. 사실 아동의 초기 의사소통 대부분은 의도적이지 않고 쉽게 해석되지도 않는다. 만일 부모가 성급하게 아동에게 명확히 말하도록 재촉한다면, 아동은 의사소통이 어렵고 재미없는 일이라고 생각할 것이다. 아동의 의사소통 학습과정에서 중요한 사항은 아동이 자신감을 가지고 빈번하고 쉽게 의사소통해야 한다는 것이다. 아동이 말할 때 실수를 걱정하거나 지나치게 남을 의식하거나 스트레스나 틀리는 것에 대한 두려움 없이 의사를 전달할 수 있다고 느낄 때, 더욱 성숙한 의사소통 방식을 배울 수 있다. 부모나 교사의 개입, 교정, 혹은 다른 부정적인 반응은 아동의 의사소통 시도를 좌절시킬 수 있다. 따라

서 언어발달에 문제가 있는 아동의 부모는 더 쉬운 방법으로 의사소통해야 하며, 아동의 경험이나 감정에 직접적으로 연관이 있는 의미를 사용해야 한다.

의도적 의사소통을 촉진하는 핵심 RIS

아동의 의도적 의사소통을 증진하기 위한 전략들이다. 아동과 함께하는 일상생활 중에 통합하여 자주 적용한다.

221 아동의 신호, 울음 또는 비언어적 요구에 즉시 반응하기
231 비의도적인 발성, 얼굴 표정, 몸짓에 마치 의미 있는 대화인 것처럼 반응하기
232 부정확한 단어 선택, 발음 또는 유사 단어에 아동의 의도대로 반응해 줌으로써 인정해 주기

출처: 김정미 역(2021). RT 반응성 교수 교육과정. 학지사. 제4부 교육과정 자료 6 참조.

Level 3. 심화 단계

의도적 의사소통의 심화 논의점

• 아동의 단어와 언어 학습을 위한 중요한 동기는 더 효과적으로 의사소통하고자 하는 욕구이다. 아동은 단어와 언어가 효과적으로 자신의 의도를 전달하는 데 도움이 된다고 생각할 때 자발적으로 의사소통에 포함시킨다. 어린 아동을 대상으로 언어를 가르치는 방법에는 두 가지가 있다. 하나는 '모방 유도(elicited imitation)' 방법으로, 어른은 아동에게 보여 준 사물, 사진 또는 행위와 관련된 단어를 반복하여 말하게 하는 것이다. 다른 하나는 '대화 교정(conversational recast)' 방법으로, 아동이 어른을 모방하도록 요구하지 않고 아동의 의도를 계속 유지하며 놀이를 하는 동안 어른은 아동이 말한 것에 조금 더 덧붙여 교정해 주는 것이다. 두 방법을 비교한 연구에 의하면, 모방 유도 방법은 어른이 모델링이 되어 아동이 단어를 반복하도록 하는 데 효과적이었으며, 대화 교정 방법은 어른의 말을 아동이 반복하도록 하지는 못했지만 아동이 말할 수 있는 단어를 학습하도록 하는 데는 훨씬 더 효과적이었다.

• 아동이 모방 유도 방법을 사용하여 단어를 학습하였을 때, 아동이 학습한 단어는 대개 아동의 관심이나 의도와는 관계가 없다. 모방 유도를 통해 언어를 가르치는 방법은 단어를 말하도록 할 수는 있지만 아동이 단어를 사용하여 자발적으로 의사소통하는 법을 학습하는 데에는 도움이 되지 못한다.

• 아동의 언어나 대화 형식을 바로잡아 주는 것은 아동에게 자신의 의도를 효과적으로 표현하기 위해 언어를 어떻게 사용할 수 있는지 보여 주는 것이다. 어른이 대화 교정 방법을 사용하여 새로운 단어와 아동이 의도하고자 하는 것의 관계를 이해시켜 주면, 아동은 유사한 상황에서 이러한 단어를 사용하려는 동기를 가지게 된다.

의도적 의사소통을 촉진하는 심화 RIS

아동의 의도적 의사소통을 증진하기 위한 전략들이다. 아동과 함께하는 일상생활 중에 통합하여 자주 적용한다.

521 아동의 행동을 관심의 표시로 이해하기
233 아동의 행동, 감정 및 의도를 단어로 표현해 주기

출처: 김정미 역(2021). RT 반응성 교수 교육과정. 학지사. 제4부 교육과정 자료 6 참조.

Level 4. 복습 단계

의도적 의사소통의 논의점 요약

• 부모가 아동에게 일상적인 경험과 아동의 비언어적 의사소통과 관련된 단어를 가르친다면, 아동은 더욱 빠르게 의사소통하게 될 것이다. 아동의 행동은 아동의 생각이 되고, 아동의 생각은 아동의 단어가 된다. 우리는 아동의 행위에 대해서는 직접 언급하기 쉽기 때문에 아동이 하는 행위는 아동에게 단어를 가르치기 가장 유용하다.

의도적 의사소통을 위한 RIS

Level 1. 기본 RIS

421 놀이 상대자로서 행동하기
312 아동의 행동과 의사소통을 모방하기
121 한 번 하고 아동의 차례 기다리기

Level 2. 핵심 RIS

221 아동의 신호, 울음, 또는 비언어적 요구에 즉시 반응하기
231 비의도적인 발성, 얼굴 표정, 몸짓에 마치 의미 있는 대화인 것처럼 반응하기
232 부정확한 단어 선택, 발음 또는 유사 단어에 아동의 의도대로 반응해 줌으로써 인정해 주기

Level 3. 심화 RIS

521 아동의 행동을 관심의 표시로 이해하기
233 아동의 행동, 감정 및 의도를 단어로 표현해 주기

중심축 행동 평가

중심축 행동 프로파일을 사용하여 아동의 의도적 의사소통을 평가한다. RT 중재 회기 동안 아동의 의도적 의사소통은 어떻게 변화되었는가?

의도적 의사소통

아동은 상대방에게 자신의 의도를 알리기 위한 시도를 빈번히 하는가? 아동은 다른 사람에게 자신의 요구, 감정 및 관찰을 알리기 위해 비언어적인 의사소통이나 언어를 효과적으로 사용하는가? 아동은 상대방에게 자신의 의도를 전달하기 위해 자신이 아는 단어와 언어를 사용하는가?

어느 정도인가?

10=매우 높음 대부분의 시간 동안에 다른 사람에게 자신의 의도를 전달하려고 시도한다. 인사하기, 교제하기, 느낌이나 관찰 내용을 공유하기, 주의 주기나 주의 돌리기 및 요구하기와 같이 다양한 범위의 의사소통 기능을 매우 효과적으로 사용한다.

5=중간 정도 주어진 시간의 절반 정도는 다른 사람에게 의도를 전달하려고 시도한다. 그러나 아직 인사하기, 교제하기, 감정과 관찰을 공유하기, 주의 주기 및 요구하기와 같은 의사소통적 기능을 모두 표현하지는 못한다. 주로 요구 충족을 위해 의사를 전달하는 경향이 있다.

1=매우 낮음 의사소통을 하기 위한 시도를 거의 하지 않으며, 일반적으로 다른 사람에게 의도를 전달하는 데 효과적이지 못하다. 의사소통에 사용될 수 있는 여러 단어와 비언어적 표현을 알지만, 다른 사람에게 의도를 알리기 위해 그것을 사용하는 일이 거의 없다.

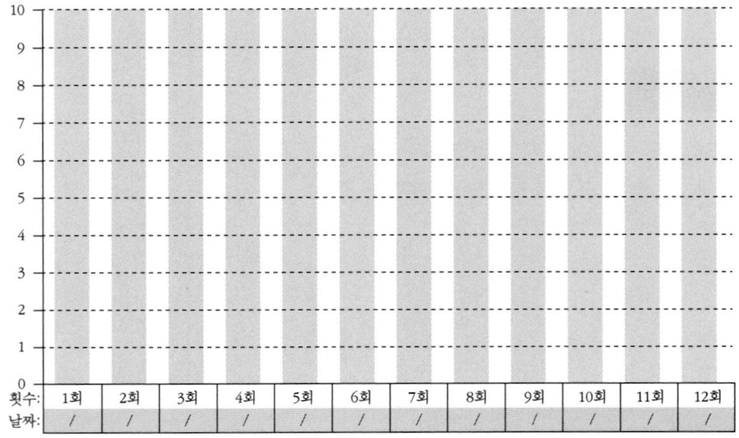

출처: 김정미 역(2021). RT 반응성 교수 교육과정. 학지사. 제4부 교육과정 자료 3 참조.

5 중심축 행동(PB): 대화(Conversation)

회기 목표

이번 회기의 목표는 대화가 아동의 의사소통과 언어발달 향상을 위해 지속적으로 해야 하는 중요한 행동임을 설명하는 것이다. 또한 아동이 대화를 하도록 가르치기 위해 매우 효과적이고 일상적인 상호작용에 통합할 수 있는 RIS를 배울 것이다.

대화란

- 아동은 비언어적 의사소통과 언어적 의사소통 모두를 사용하여 대화한다.
- 아동은 주고받는 방식으로 대화하고, 변화된 주제를 따르고 대화를 계속 이어 간다.

Level 1. 기본 단계

대화의 기본 논의점

- 아동이 대화하는 법을 배우기 위해서는 언어 전 단계의 사회적 상호작용에 빈번히 참여해야 한다. 언어 발달에 문제가 있는 아동은 많은 말을 알고 이해하지만 대화로 그것을 사용하지 않는다. 아동이 적합한 대화 기술을 가지지 못한다면 더 높은 수준의 언어 학습 발달로 나아가지 못할 것이다. 아동은 많은 단어를 배우는 것으로 대화하는 방식을 학습하지는 못한다. 언어는 대화를 위한 수단이며, 자연스럽게 대화할 수 있도록 더 많은 언어를 학습하게 될 것이다.

- 아동에게 반응적이고 아동 중심적 대화를 할 때 아동은 더 성숙한 형태의 대화 기술과 규칙을 배운다. 부모는 아동이 관심을 두는 것이라면 무엇이든 그것에 관해 이야기하면서 대화를 계속하도록 지지해야 한다. 부모가 아동의 관심과 현재 아동이 사용하는 의사소통 방식을 맞출 때, 아동과 쉽게 대화할 수 있다. 부모는 행동, 몸짓, 표정으로 아동과 비언어적 활동에 참여하며, 때로는 단어를 주고받으며 아동과 의사소통한다. 부모는 아동이 단어를 사용하여 의사소통하도록 강요하지 않으며 아동이 하는 것에 의미를 두고 사회적 상호작용에 능동적으로 참여하도록 해야 한다. 왜냐하면 아동은 숙련된 비언어적 대화자가 되면서 새로운 단어를 배우고 자신의 대화에 단어를 적용하기 시작하기 때문이다.

대화를 촉진하는 기본 RIS

아동의 대화를 증진하기 위한 전략들이다. 아동과 함께하는 일상생활 중에 통합하여 자주 적용한다.

113 아동의 세계로 들어가기
421 놀이 상대자로서 행동하기
312 아동의 행동과 의사소통을 모방하기
121 한 번 하고 아동의 차례 기다리기
412 기대하며 수행을 기다리기

출처: 김정미 역(2021). RT 반응성 교수 교육과정. 학지사. 제4부 교육과정 자료 6 참조.

Level 2. 핵심 단계

대화의 핵심 논의점

- 아동의 언어를 교정해 주기보다는 아동의 의도에 반응해 준다. 어른은 아동의 관심, 능력 및 동기를 지지하고 격려하는 데 중점을 둔 놀이적인 상호작용을 해야 한다. 부모는 아동에게 어른의 방식으로 의사소통하도록 강요하기보다는 아동이 시도하는 행동이 무엇이든지 받아들이고 그 의미와 의도를 이해하도록 노력해야 한다. 아동의 언어를 교정해 주는 것은 오히려 대화의 지속 시간과 빈도를 감소시킨다. 부모는 아동의 일차적인 의사소통 형태에 반응해 줄 때, 의사소통하려는 아동의 노력을 강화하고 능동적 대화를 증가시킨다.

- 아동이 아는 것 그리고 즐겁고 흥미로운 주제로 대화한다. 어린 아동은 편안하고 그 자체로 즐거우며, 주제가 흥미롭고 잘 알고 있는 것일 때 대화에 참여할 가능성이 크다. 따라서 부모가 아동과 함께하는 대화는 ① 재미있고 놀이적이고, ② 아동의 흥미에 중점을 두고, ③ 현재 아동의 지식과 언어 능력에 맞추어야 한다.

- 아동의 말투로 의사소통한다. 아동이 이해할 수는 있지만 거의 사용하지 않는 어려운 말보다 아동이 사용하는 말투로 의사소통할 때, 아동은 효과적으로 대화에 참여할 수 있다. 어린 아동에게 어른의 방식으로 의사소통을 하면 안 된다는 말이 아니라 부모가 아동의 말투로 의사소통할 때 아동은 더 반응적으로 대화를 하게 된다는 것을 의미한다.

- 아동의 혼잣말에 반응한다. 어린 아동은 혼자 놀이하면서 언어 발성을 하며 새로운 기술을 탐색하고 실행한다. 다른 사람과 있을 때라도 아동이 혼잣말하는 것은 지극히 정상이다. 아동이 자신에게 말할 때는 다른 사람의 요청대로 강요받는 것 없이 자유롭다. 아동은 혼잣말을 통해 새로운 언어를 실행해 보고 자신의 창의적인 생각을 표현하고 그에 반응할 수 있다. 부모는 아동의 홍미를 방해하지 않는 선에서 아

동의 혼잣말에 끼어들어 반응해 줌으로써 아동과의 대화를 증진시킬 수 있다.

대화를 촉진하는 핵심 RIS

아동의 대화를 증진하기 위한 전략들이다. 아동과 함께하는 일상생활 중에 통합하여 자주 적용한다.

135 일상적인 공동활동 중에 의사소통 습관 만들기
514 아동이 할 수 있는 방식대로 행동하기
311 질문 없는 의사소통하기

출처: 김정미 역(2021). RT 반응성 교수 교육과정. 학지사. 제4부 교육과정 자료 6 참조.

Level 3. 심화 단계

대화의 심화 논의점

- 아동에게 단어를 모방하도록 요구하거나 질문할 때 대화를 방해한다. 부모는 아동의 언어 발달에 걱정이 있을 때 흔히 ① 아동이 단어나 문장을 반복하도록 요구하거나(즉, 모방 유도), ② 아동이 알고 있는 것을 확인하기 위해 질문을 한다(즉, 확인 질문/예: "이건 무슨 색깔이지?"). 부모의 요구가 아동의 현재 활동에 관한 것일지라도 부모가 모방을 유도하거나 확인 질문을 할 때 아동은 흥미를 잃고 의사소통을 중단한다. 예를 들어, 색깔은 아동이 가지고 노는 사물이 가지는 분명한 특성일 수 있지만, 아동이 사물의 색깔보다는 사물을 가지고 무엇을 할 수 있는가에 더 흥미를 느낀다면, 부모가 사물의 색깔을 질문하는 것은 아동의 흥미를 부모의 흥미로 바꾸게 되는 것이다. 결과적으로 이는 아동의 놀이 활동을 중단시키고 아동과의 대화를 방해하게 된다. 마찬가지로 아동이 사물을 건네주라는 목적으로 그것을 가리켰는데 부모가 사물의 이름을 반복하여 말하도록 요청한다면, 부모는 자신에게는 중요하지만 아동에게는 중요하지 않은 행동에 중점을 둠으로써 아동의 활동이나 대화의 흐름을 방해하게 된다.

- 확인 질문과 모방 유도 대신에, 아동의 활동을 보완해 주는 명명하기, 덧붙여 설명하기 또는 감탄하는 소리내기와 같은 전략을 사용하여 아동의 대화를 촉진한다. 아동이 흥미로워하는 활동을 포기하고 부모에게 반응하도록 강요하지 않는다. 오히려 아동의 흥미나 의도를 방해할 수 있는 반응을 만들어 내지 않으면서 아동의 활동을 지지하는 언어 모델을 제공한다. 이러한 부모의 반응은 높은 수준의 단어와 의사소통 기술을 적용하며 아동이 계속해서 놀이와 대화에 참여하도록 한다.

대화를 촉진하는 심화 RIS

아동의 대화를 증진하기 위한 전략들이다. 아동과 함께하는 일상생활 중에 통합하여 자주 적용한다.

323 더욱 성숙한 반응을 만들어 내는 동안에 조용히 기다려 주기
413 놀이적인 방식으로 아동에게 반응하기

출처: 김정미 역(2021). RT 반응성 교수 교육과정. 학지사. 제4부 교육과정 자료 6 참조.

Level 4. 복습 단계

대화의 논의점 요약

- 다른 사람과의 상호작용은 아동에게 대화의 기회를 제공한다. 아동이 다른 사람의 관심을 끌고, 의도를 전달하고, 감정을 표현하는 것은 성공적인 대화를 위한 기본 기술이다. 아동이 자신이 할 수 있는 행동으로 의사소통에 성공을 경험하지 못한다면, 아동은 단어나 언어를 사용하여 대화하는 법을 학습할 수 없다. 아동의 의사소통 능력의 발달은 아는 단어의 수나 문장의 길이가 아니라 대화에 참여하는 빈도와 시간이 중요하다. 아동의 대화 기술은 부모가 모방하도록 요구하는 단어나 구절을 반복하는 것이 아니라 부모와 빈번하고 지속적인 상호작용에 참여하면서 발달한다. 부모는 일상에서 자주 상호작용에 참여함으로써 아동과 대화 시간을 확장해 줄 수 있다. 부모는 일상에서 지속적인 사회적 상호작용과 주고받기식 대화를 하면서 아동에게 기대하는 단어와 문장을 배울 기회를 제공하며, 자연스럽게 발생하는 대화 속에서 상호작용은 다른 사람과 잠깐 접촉하는 것이 아니라 계속해서 참여하는 것이라는 사실을 점차 배우게 된다.

대화를 위한 RIS

Level 1. 기본 RIS

113 아동의 세계로 들어가기
421 놀이 상대자로서 행동하기
312 아동의 행동과 의사소통을 모방하기
121 한 번 하고 아동의 차례 기다리기
412 기대하며 수행을 기다리기

Level 2. 핵심 RIS

135 일상적인 공동활동 중에 의사소통 습관 만들기
514 아동이 할 수 있는 방식대로 행동하기
311 질문 없는 의사소통하기

Level 3. 심화 RIS

323 더욱 성숙한 반응을 만들어 내는 동안에 조용히 기다려 주기
413 놀이적인 방식으로 아동에게 반응하기

중심축 행동 평가

중심축 행동 프로파일을 사용하여 아동의 대화를 평가한다. RT 중재 회기 동안 아동의 대화는 어떻게 변화되었는가?

대화

아동은 다양한 사람과 다각적인 주제에 대해 대화하는가? 아동은 비언어적 의사소통과 구두 언어 모두를 사용하는가? 아동은 주고받는 식으로 대화를 주도하거나 따르는가? 아동은 주제를 지속하거나 변화된 주제에 대해서도 대화하는가? 아동은 다양한 목적, 즉 교제, 설득, 정보 교환, 감정 및 요구 등을 하기 위하여 의사소통하는가?

어느 정도인가?

10=매우 높음 다양한 사람과 빈번히 대화를 주도하고 유지한다. 다양한 목적, 즉 즐거움, 정보, 공동활동, 그리고 사람들과 함께 있기 위해 대화한다. 주고받는 식의 대화에 참여하고, 듣는 시간만큼 내 의견을 전달하기도 한다. 나의 관심뿐 아니라 관심사에 대해서도 이야기를 나눈다.

5=중간 정도 이따금씩 대화에 참여하지만, 특정인(예: 어머니)과만 대화하고 다른 사람들과는 대화하지 않는다. 대화는 대개 간단하고, 대부분 자신이 선택한 주제에 집중된다. 주제가 바뀌면 당황스러워한다. 상대방이 주제를 변경하면 보통 대화를 종결한다.

1=매우 낮음 거의 대화를 주도하거나 지속하지 않는다. 대부분 대화가 짧고, 비언어적인 의사소통이거나 언어적으로 주고받는 횟수는 두 번 이내다. 아동의 대화를 끌어내기에 매우 힘이 든다. 주고받는 대화에 참여하지 않고, 빈번히 그러한 상황에서 벗어난다.

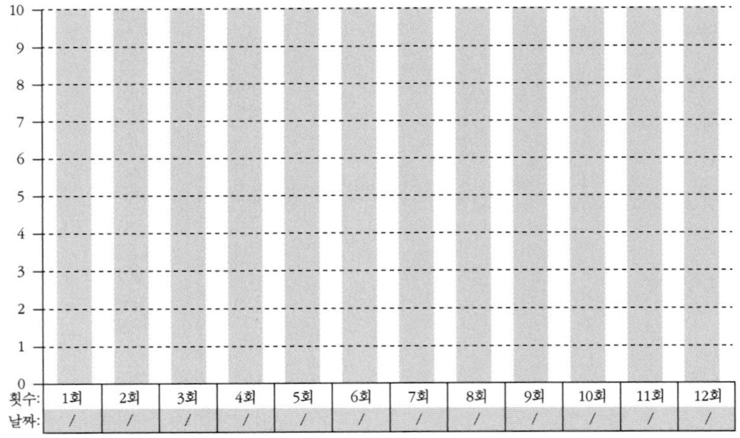

출처: 김정미 역(2021). RT 반응성 교수 교육과정. 학지사. 제4부 교육과정 자료 3 참조.

chapter 05

사회정서 영역의 RT 중재 회기 계획

1. 중심축 행동(PB): 신뢰
2. 중심축 행동(PB): 감정이입
3. 중심축 행동(PB): 협력
4. 중심축 행동(PB): 자기조절
5. 중심축 행동(PB): 자신감

다음에서는 아동의 사회정서 발달을 촉진하기 위해 RT가 목표로 하는 5가지 중심축 행동에 대해 4개 단계의 중재 회기 계획을 제시하고 각 단계에서 사용하는 논의점(DT)과 반응성 상호작용 전략(RIS)에 대해 설명하였다.

사회정서 영역의 중재 회기 계획 개요

1. 중심축 행동(PB): 신뢰
   - Level 1. 기본 단계
   - Level 2. 핵심 단계
   - Level 3. 심화 단계
   - Level 4. 복습 단계

2. 중심축 행동(PB): 감정이입
   - Level 1. 기본 단계
   - Level 2. 핵심 단계
   - Level 3. 심화 단계
   - Level 4. 복습 단계

3. 중심축 행동(PB): 협력
   - Level 1. 기본 단계
   - Level 2. 핵심 단계
   - Level 3. 심화 단계
   - Level 4. 복습 단계

4. 중심축 행동(PB): 자기조절
   - Level 1. 기본 단계
   - Level 2. 핵심 단계
   - Level 3. 심화 단계
   - Level 4. 복습 단계

5. 중심축 행동(PB): 자신감
   - Level 1. 기본 단계
   - Level 2. 핵심 단계
   - Level 3. 심화 단계
   - Level 4. 복습 단계

① 중심축 행동(PB): 신뢰(Trust)

회기 목표

이번 회기의 목표는 신뢰가 아동의 사회정서 발달 향상을 위해 지속적으로 해야 하는 중요한 행동임을 설명하는 것이다. 또한 아동의 신뢰를 효과적으로 일상적인 상호작용에 통합할 수 있는 RIS를 배울 것이다.

신뢰란

- 양육자와 온정적이고 신뢰로운 관계를 형성한다.
- 안락함과 편안함을 위해 양육자를 찾거나 접촉하고 눈을 맞추거나 웃으며 포옹한다.
- 정보나 사물을 양육자와 공유하려고 한다.

Level 1. 기본 단계

신뢰의 기본 논의점

- **신뢰는 아동의 이후 사회정서 기능에 영향을 미친다.** 신뢰는 아동이 부모에게 긍정적으로 반응하는 태도에 영향을 미친다. 부모와 아동 간의 관계의 질은 아동이 부모와 함께하는 것을 편하게 생각하고 부모에 대한 신뢰도를 높여 준다. 아동의 신뢰와 편안함은 부모와의 상호작용을 주도하고 계속하려는 욕구를 증가시키고, 이러한 경험에 대한 즐거움도 높인다. 또한 아동의 신뢰는 먹기, 옷 입히기 그리고 함께 놀이하기와 같은 일상적인 활동에서 부모에게 협력하는 정도를 촉진한다.

- **신뢰는 다른 어른과 관계를 형성하고 교육기관(예: 어린이집, 유치원) 적응에 영향을 미친다.** 주 양육자와 강한 신뢰 관계를 형성한 아동은 다른 어른과의 상호작용도 원활하다. 한편, 주 양육자와 신뢰 관계를 잘 형성하지 못한 아동은 다른 사람도 신뢰하지 못하고 경계하고 함께하기를 주저한다. 새로운 어른이 주는 지침이나 보살핌이 자신을 보호해 줄 것이라는 신뢰가 결여된 아동은 어린이집이나 유치원에서도 자신을 보살펴 주는 교사에게 반응하고 협력하는 데 어려움을 겪게 된다.

- **신뢰는 다른 아동과 관계 형성 능력에 영향을 미친다.** 아동이 생후 2년 동안 부모와 신뢰 관계를 얼마나 잘 발달시켰는가는 이후 또래 관계의 질로 나타난다. 부모와의 관계를 통해 습득한 사회정서적 기술은 다른 아동과 사회적 관계를 형성하는 능력에 영향을 미치며, 또래와 협동 놀이를 하는 동안 발생할 수 있는 갈등에 효과적으로 대처하는 능력으로 발전한다.

신뢰를 촉진하는 기본 RIS

아동의 신뢰를 증진하기 위한 전략들이다. 아동과 함께하는 일상생활 중에 통합하여 자주 적용한다.

113 아동의 세계로 들어가기
114 거울처럼 그대로 반영해 주고 평행 놀이를 하면서 함께 활동하기
421 놀이 상대자로서 행동하기
121 한 번 하고 아동의 차례 기다리기
412 기대하며 수행을 기다리기

출처: 김정미 역(2021). RT 반응성 교수 교육과정. 학지사. 제4부 교육과정 자료 6 참조.

Level 2. 핵심 단계

신뢰의 핵심 논의점

- 양육자의 반응성은 신뢰를 높인다. 부모와의 관계의 질을 증진시키기 위해서는, 첫째, 부모는 아동과의 일대일 상호작용 빈도를 증가시켜야 하며, 둘째, 부모는 아동의 놀이나 의사소통을 격려하고 지지해 주어야 한다. 부모가 반응적으로 상호작용할 때, 아동은 부모와 함께하는 것을 즐거워하고 이와 같은 사회적 경험은 아동으로 하여금 정서적 안정을 위해 부모가 지지와 편안함을 제공해 줄 것이라는 믿음을 형성하게 한다.

- 주 양육자의 안정성은 신뢰에 영향을 미친다. 신뢰는 부모와의 관계가 일관되고 안정적일수록 강해진다. 만일 부모가 입원, 우울증, 결혼 생활의 어려움을 겪고 있다면, 아동과 안정된 관계를 형성하는 데 방해가 된다. 그러나 부모가 이러한 어려움을 겪을지라도 극복하고 다시 반응적으로 상호작용을 시작한다면, 아동은 부모와 신뢰 관계를 형성할 수 있다. 예를 들어, 입양 아동 중 특히 생후 1년 동안 여러 곳에서 양육된 아동의 경우, 새 양육자와 신뢰 관계를 형성하는 데 어려움을 겪는다. 그러나 새로운 양육자가 지속적으로 아동과 반응적으로 양육한다면, 아동은 점차 경계를 극복하고 신뢰 관계를 형성할 수 있다. 그리고 아동은 전과는 달리 신뢰 관계가 끝나지 않을 것이라는 믿음을 형성한다.

- 아버지와 다른 양육자와 애착은 타인과 신뢰 관계 형성에 영향을 미친다. 아동이 어머니와 애착을 형성하는 것은 이후의 사회정서 기능을 예측할 수 있게 한다. 그러나 아동은 아버지와 다른 양육자와도 유사한 애착을 형성한다. 아버지 또는 다른 양육자와의 애착 관계는 다른 어른과 신뢰 관계를 형성하는 방법을 학습할 수 있는 기회이다. 다인수 애착 형태는 어려운 상황에서 어른이 아동에게 안정을 주고 양육할 수 있도록 부가적인 해결책을 주며, 아동의 사회정서적 발달을 촉진하고, 타인과 신뢰 관계를 형성하는 능력을 발달시킨다.

신뢰를 촉진하는 핵심 RIS

아동의 신뢰를 증진하기 위한 전략들이다. 아동과 함께하는 일상생활 중에 통합하여 자주 적용한다.

111 신체적인 상호작용하기
112 자주 함께 놀기
212 아동의 관점 택하기
221 아동의 신호, 울음 또는 비언어적 요구에 즉시 반응하기
431 과격하지 않게 신체 접촉하기
432 주의를 끌기 위한 아동의 울음이나 요구에 애정적으로 반응하기

출처: 김정미 역(2021). RT 반응성 교수 교육과정. 학지사. 제4부 교육과정 자료 6 참조.

Level 3. 심화 단계

신뢰의 심화 논의점

- 신뢰는 훈육의 기본전제이다. 부모나 교사는 아동이나 다른 사람에게 해가 될 수 있거나 중요한 사회적 규범에서 벗어난 행동에 대해서는 훈육해야 한다. 그러나 만일 부모가 일상에서 빈번하게 훈육하고 있다면, 훈육하는 행동 자체가 아동의 현재 발달 수준과 관련하여 적합한 것인지 생각해 보아야 한다. 부모의 훈육 빈도가 많을수록 훈육의 효과는 감소한다. 현재 아동의 발달 수준에서 흔히 발생하는 행동에 대해 훈육하는 것은 훈육의 빈도를 증가시킬 수 있다. 아동의 현재 발달연령에서는 흔하지만 바람직하지 않은 행동을 조절하고자 한다면, 먼저 환경이나 일상적인 일과 계획을 바꿀 대안이 있는지 고려해 보아야 한다(예: 위험하게 탁자나 책상에 오르내리는 것에 대한 대안으로 안전하게 오르내릴 수 있는 장난감 계단을 만들어 주는 것).

- 효과적인 훈육을 위해서는 신뢰와 존중을 키워야 한다. 훈육의 효과는 부모가 어떻게 훈육하는지보다는 아동과의 관계가 신뢰로운지에 따라서 영향을 받는다. 어린 아동은 자신의 행동이 '해가 되거나 부적합한 행동을 하는 것'이 아니라 '부모의 뜻을 거스른 것'으로 이해한다. 아동이 하는 행동의 일차적인 동기는 아동이 신뢰하는 어른을 기쁘게 하고 싶은 소망에서 비롯되기 때문이다. 따라서 훈육에 어려움을 겪고 있는 부모는 아동의 신뢰와 존중을 쌓는 관계 형성을 먼저 생각해 보아야 한다. 아동과 빈번히 반응적인 관계를 가져왔다면 발달적으로 아동의 현재 발달연령에 적합한 훈육은 효과적일 것이다. 아동과의 관계를 보다 돈독히 하는 것이 아동의 부적합한 행동을 잘 통제할 수 있는 선행 방법이다.

신뢰를 촉진하는 심화 RIS

아동의 신뢰를 증진하기 위한 전략들이다. 아동과 함께하는 일상생활 중에 통합하여 자주 적용한다.

223 즉시 훈육하고 위로해 주기

출처: 김정미 역(2021). RT 반응성 교수 교육과정. 학지사. 제4부 교육과정 자료 6 참조.

Level 4. 복습 단계

신뢰의 논의점 요약

- 부모의 반응성은 관계성의 질을 강화함으로써 신뢰를 증가시킨다. 부모의 반응적인 상호작용은 다음과 같은 중요한 기술을 배우도록 도와준다.
  - 사회적 상호작용 주도하기: 반응적인 상호작용을 할 때, 부모는 반응하기 전 아동이 활동을 주도할 수 있도록 기다려 줌으로써, 아동이 상호작용을 주도할 기회를 더 많이 제공하며, 아동이 '행동의 주체자'가 되도록 한다. 이러한 상호작용 유형은 아동이 주도하는 것에 자신감을 가지고, 이를 다른 사람과의 상호작용에서도 쉽게 사용하도록 만든다.
  - 선택하도록 격려하기: 반응적인 부모는 아동이 선택하도록 격려하며, 아동의 선택에 반응해 주고 지지해 줌으로써, 아동이 선택하는 것을 배울 수 있는 기회를 증진시킨다. 또한 이는 아동이 자립적으로 자랄 수 있도록 한다.
  - 자존감 발달시키기: 부모가 아동이 선택한 결정을 격려하고 지지해 줌으로써 아동이 스스로 선택할 능력을 키우고, 선택은 자신이 하는 것이며 자신이 선택한 결정은 바람직한 것이라는 확신을 가지게 된다.

신뢰를 위한 RIS

Level 1. 기본 RIS

113 아동의 세계로 들어가기
114 거울처럼 그대로 반영해 주고 평행 놀이를 하면서 함께 활동하기
421 놀이 상대자로서 행동하기
121 한 번 하고 아동의 차례 기다리기
412 기대하며 수행을 기다리기

Level 2. 핵심 RIS

111 신체적인 상호작용하기
112 자주 함께 놀이하기
212 아동의 관점 택하기
221 아동의 신호, 울음 또는 비언어적 요구에 즉시 반응하기
431 과격하지 않게 신체 접촉하기
432 주의를 끌기 위한 아동의 울음이나 요구에 애정적으로 반응하기

Level 3. 심화 RIS

223 즉시 훈육하고 위로해 주기

중심축 행동 평가

중심축 행동 프로파일을 사용하여 아동의 신뢰를 평가한다. RT 중재 회기 동안 아동의 신뢰는 어떻게 변화되었는가?

신뢰

아동은 부모와 신뢰하는 온정적인 관계를 가지는가? 건강이나 안전을 위하여 부모나 양육자를 찾거나 계속 접촉하는가? 부모와 함께 있는 것이 즐거워 보이는가? 부모와 정보나 사물을 자주 공유하고, 눈 맞춤을 하거나 미소 짓거나 포옹을 하는가?

어느 정도인가?

10=매우 높음 다가와 껴안고, 짓궂게 굴면서 부모와의 접촉을 계속적으로 자주 한다. 부모의 무릎에 편안히 앉아 있는다. 부모가 아동 자신에게 자주 주의를 기울이기를 원하고, 흥미 있거나 호기심을 일으키는 것들을 부모에게 보여 주는 것을 즐거워한다.

5=중간 정도 이따금씩 부모에 대한 신뢰감을 드러낸다. 부모와 함께 있는 시간의 절반 정도는 미소를 짓고, 눈 맞춤을 하고, 신체 접촉을 하면서 즐겁고 편안한 시간을 보낸다. 그러나 부모와 함께 있기 위해서라기보다는 자신의 욕구 충족을 위하여 부모를 찾는 경우가 더 많다.

1=매우 낮음 부모를 피하거나 함께 있는 것에 대해 불편함을 느낀다. 부모에게 미소를 짓거나 눈 맞춤을 하는 일이 거의 없다. 부모와 함께 있을 때 자주 위축되거나 신체적으로 부자연스럽다. 부모가 가까이 다가가면 종종 멀리 벗어나려고 한다.

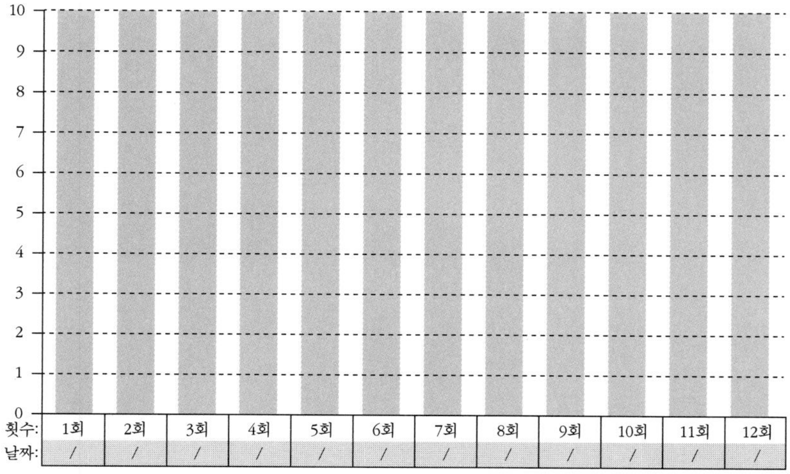

출처: 김정미 역(2021). RT 반응성 교수 교육과정. 학지사. 제4부 교육과정 자료 3 참조.

2 중심축 행동(PB): 감정이입(Empathy)

회기 목표

이번 회기의 목표는 감정이입이 아동의 사회정서 발달 향상을 위해 지속적으로 해야 하는 중요한 행동임을 설명하는 것이다. 또한 아동의 감정이입을 효과적으로 일상적인 상호작용에 통합할 수 있는 RIS를 배울 것이다.

감정이입이란

- 상호작용하는 상대의 관점을 이해한다.
- 다른 사람의 감정과 정서에 반응하며 다른 사람과 자신의 감정과 정서를 공유한다.

Level 1. 기본 단계

감정이입의 기본 논의점

- **감정이입은 다른 사람의 정서적 상황을 인식하고, 상호작용하는 상대의 관점을 받아들이는 과정이다.** 감정이입은 감정 이상의 의미로써, 이는 다른 사람의 즐거움, 슬픔, 흥분 또는 두려움을 함께 느끼며 자신의 정서를 다른 사람의 정서 상태에 맞추는 능력이라 할 수 있다. 아동이 또래나 어른과 효과적으로 사회적 관계를 맺는 것은 본성적이며, 상대가 어떻게 느끼는지 이해하고 그 감정을 존중하고 반영할 수 있을 때 관계는 더욱 돈독하고 만족스럽게 이루어진다.

- **관계 형성에 어려움이 있거나 부모와 상호작용하는 것을 피하는 아동은 감정이입에 기반한 행동에 어려움이 있다.** 부모의 이혼 또는 입양 과정에서 상처를 경험하였다면, 이후 부모와의 관계 형성은 더 어려울 것이다. 또한 자폐스펙트럼장애와 같은 발달장애가 있는 아동은 부모나 다른 사람과 상호작용을 회피하려고 한다.

- **감정이입 능력을 발달시키지 못한 아동은 또 다른 사회정서적 문제를 나타낼 수 있다.** 다른 사람의 정서 상태에 맞춰 자신의 상호작용을 조절하지 못하는 아동은 또래나 다른 어른과 긍정적인 사회적 상호작용을 형성하는 데 어려움이 있다. 또한 다른 사람의 정서 상태에 대한 흥미나 관심이 부족한 아동은 다른 사람에게 공격적인 행동을 할 수 있으며, 이러한 행동으로 야기할 수 있는 신체적 혹은 정신적 해는 생각하지 못한다. 한편, 다른 사람의 정서와 감정에 대해 소극적이거나 저반응적인 아동은 부모나 다른 어른이 요구하거나 훈육하는 것에 무관심하고 반응이 없다.

감정이입을 촉진하는 기본 RIS

아동의 감정이입을 증진하기 위한 전략들이다. 아동과 함께하는 일상생활 중에 통합하여 자주 적용한다.

221 아동의 신호, 울음 또는 비언어적 요구에 즉시 반응하기
432 주의를 끌기 위한 아동의 울음이나 요구에 애정적으로 반응하기

출처: 김정미 역(2021). RT 반응성 교수 교육과정. 학지사. 제4부 교육과정 자료 6 참조.

Level 2. 핵심 단계

감정이입의 핵심 논의점

• 아동은 부모와의 상호작용에서 정서적으로 반응하는 법을 배운다. 부모는 아동의 정서 반응 학습에 영향을 미친다. 어린 아동에 관찰되는 정서 반응으로써 사회적 참조(social referencing)가 있다. 아동은 정서적인 지침을 얻기 위하여 부모를 쳐다본다. 그리고 부모가 상황에 어떻게 반응하는지는 아동에게 정서 반응에 대한 모델링을 제공한다. 만일 부모가 긍정적으로 반응해 주면(예: 흥미로워하거나 즐거워함), 아동도 긍정적인 정서로 반응하며 부모에게 다가올 것이다(예: 긍정적인 정서를 나타내면서 새로운 장난감이나 사람을 쳐다보기, 다가가기 혹은 만져 보기). 반면에 부모가 부정적으로 반응한다면, 아동은 회피 행동을 나타낼 것이다(예: 눈길 돌리기, 새로운 장난감이나 사람으로부터 멀리 떨어지기, 부정적인 감정 드러내기). 어린 아동은 부모의 표정을 통해 일차적으로 부모의 정서를 이해하며, 얼굴 표정과 동반하여 나타나는 발성과 신체적 접촉을 통해서도 감정 내용을 전달할 수 있다.

• 부모가 아동과 자주 긴밀하게 일대일로 호혜적인 상호작용을 하면서 아동의 정서 상태를 정확히 알 수 있다. 부모는 아동과 함께 얼굴을 마주 보며 호혜적인 상호작용을 하면서, 아동이 눈짓, 표정 그리고 몸짓을 이용하여 나타내는 정서 표현 방식을 더 잘 인식하게 된다.

• 부모는 아동의 정서에 맞추어 민감하게 반응하는 것은 아동이 자신의 반응을 조절할 수 있도록 한다. 부모는 아동이 어떻게 자신의 시선, 표정, 몸짓을 이용하여 정서 상태를 표현하는지 민감하게 판단할 수 있어야 한다. 특히 부모의 민감한 반응은 아동의 부정적 정서와 기분(예: 화, 혐오감, 두려움)을 조절하는 데 결정적이다. 만일 부모가 아동이 표현하는 정서를 잘 이해하지 못하거나(예: 아동의 화를 웃으며 반응하기) 무시한다면, 아동의 정서 표현 발달을 방해할 수 있다. 또한 부모가 아동의 부정적 정서에 일관성 없이 반응한다면, 아동 스스로 정서 반응을 통제하거나 조절하는 것을

어렵게 할 것이다.

- 부모와 반복적이고 지속적인 상호작용을 통해 아동은 자신의 정서와 행동 간의 관계를 배운다(예: 친근한 사람을 만나면 웃는다). 아동은 궁극적으로 어른과 정서적 행동(예: 미소)을 나누면서 이러한 행동을 기반으로 감정이나 정서(예: 즐거움)를 공유하는 법을 이해하게 된다.

감정이입을 촉진하는 핵심 RIS

아동의 감정이입을 증진하기 위한 전략들이다. 아동과 함께하는 일상생활 중에 통합하여 자주 적용한다.

131 장난감을 사용하지 않고 서로 마주 보며 놀이하기
222 작은 행동에도 즉각적으로 반응하기
233 아동의 행동, 감정 및 의도를 단어로 표현해 주기
212 아동의 관점 택하기
213 아동의 상태에 민감하기
433 아동이 소란스럽거나, 짜증을 내며 화낼 때 달래 주기

출처: 김정미 역(2021). RT 반응성 교수 교육과정. 학지사. 제4부 교육과정 자료 6 참조.

Level 3. 심화 단계

감정이입의 심화 논의점

• 우울증이 있는 어머니와 상호작용할 때 아동도 어머니처럼 우울하고 생동감 없는 정서 유형을 나타낸다. 아동은 우울한 어머니의 감정과 정서 특성을 습득한다. 영유아의 어머니는 출산 후 호르몬의 변화, 몸매에 대한 걱정, 수면 부족 그리고 사회적 고립감을 포함한 다양한 요인으로 인하여 우울증을 보이기도 한다. 그러나 부모가 이러한 우울이 있더라도 짧은 시간 내에 이러한 우울감을 회복한다면, 별 문제 없이 대처할 수 있다. 그러나 부모의 우울이 심각하고 오래 지속된다면 아동의 정서상태에 영향을 미치게 된다.

• 우울을 겪고 있는 부모는 아동과 활기 있고 생동감 있는 상호작용을 하기 위해 특별한 노력을 해야 한다. 부모의 우울이 몇 주 이상 지속되는 경우에는 반드시 의사와 상담을 받아야 한다. 부모의 만성적인 우울은 상호작용 능력을 방해한다. 그리고 아동의 사회정서 기능 그리고 놀이와 의사소통 발달에 영향을 미친다. 심리상담은 기분(mood)을 개선시키며 상호작용에서 즐거움과 만족감을 느끼도록 돕는다.

감정이입을 촉진하는 심화 RIS

아동의 감정이입을 증진하기 위한 전략들이다. 아동과 함께하는 일상생활 중에 통합하여 자주 적용한다.

442 아동의 두려움을 의미 있고 이유 있는 것으로 대하기
414 아동의 주의를 빼앗기지 않도록 더욱 흥미롭게 놀이하기

출처: 김정미 역(2021). RT 반응성 교수 교육과정. 학지사. 제4부 교육과정 자료 6 참조.

Level 4. 복습 단계

감정이입의 논의점 요약

- 부모나 교사가 아동의 정서적 단서에 민감할수록 아동은 자신의 감정에 더욱 반응적이게 된다. 만일 아동이 사람들을 무시하거나 또는 지나치거나, 다른 사람이 거기에 없는 것처럼 행동하거나, 다른 사람과의 눈 맞춤을 회피하거나, 자기만의 세상 안에 머물러 있거나, 드물게 미소 짓고 웃거나, 새롭고 흥미로운 사건에 냉랭하게 반응하거나, 자신의 이름에 반응하지 않거나, 장난감을 치웠을 때 별로 반응적인 행동을 보이지 않는다면, 아동은 과소 반응적이다.

- 아동은 기질적으로 또는 생물학적 문제로 과소 반응적일 수 있다. 어떤 아동은 기질적으로 느리게 반응하거나 사회적 상호작용에 두려움을 가질 수 있다. 또는 어떤 아동은 자폐스펙트럼장애와 같이 사회적 자극에 반응하는 능력이 생물학적 문제로 한계가 있을 수도 있다.

- 부모는 아동의 과소 반응성을 극복할 수 있다. 만일 부모가 아동이 보여 주는 미묘한 정서적 신호에도 매우 반응적이도록 특별히 노력한다면, 아동은 점차 정서적으로 반응하게 될 것이다. 부모가 아동의 정서 표현에 적절히 표현하고 미묘한 행동에도 반응할수록 아동은 더 자주 정서적 행동을 만들어 내고 부모의 정서적 단서에도 반응하게 될 것이다.

감정이입을 위한 RIS

Level 1. 기본 RIS

221 아동의 신호, 울음 또는 비언어적 요구에 즉시 반응하기
432 주의를 끌기 위한 아동의 울음이나 요구에 애정적으로 반응하기

Level 2. 핵심 RIS

131 장난감을 사용하지 않고 서로 마주 보며 놀이하기
222 작은 행동에도 즉각적으로 반응하기
233 아동의 행동, 감정 및 의도를 단어로 표현해 주기
212 아동의 관점 택하기
213 아동의 상태에 민감하기
433 아동이 소란스럽거나, 짜증을 내며 화낼 때 달래 주기

Level 3. 심화 RIS

442 아동의 두려움을 의미 있고 이유 있는 것으로 대하기
414 아동의 주의를 빼앗기지 않도록 더 흥미롭게 놀이하기

중심축 행동 평가

중심축 행동 프로파일을 사용하여 아동의 감정이입을 평가한다. RT 중재 회기 동안 아동의 감정이입은 어떻게 변화되었는가?

감정이입

아동은 다른 사람의 감정이나 정서에 민감하고, 다른 사람의 감정에 따라 자신의 감정을 조절할 수 있는가? 다른 사람이 어떤 느낌인지 살피고, 다른 사람의 정서에 따라 영향을 받는가? 그 상황이 안전하고 우호적인지를 가늠하기 위하여, 또한 자신이 반응하는 것을 조절하기 위하여 부모의 반응을 이용하는가?

어느 정도인가?

10=매우 높음 대개 여러 가지 감정 상태, 즉 즐거움, 슬픔, 분노 또는 공포 등에 적합하게 반응한다. 정서적인 표현을 할 수 있으며, 긍정적이거나 부정적인 감정을 적당한 수준으로 드러낸다. 다른 사람의 감정에 반응한다. 사물, 사람 또는 상황을 피할 것인지 아니면 탐색할 것인지를 결정하기 위하여 일반적으로 부모의 반응을 평가한다.

5=중간 정도 이따금씩 다른 사람들이 울거나 욕을 하는 등 강도가 높은 정서 반응을 보이면 상대방의 분위기에 응한다. 대개 낮은 강도의 정서는 무시한다. 일반적으로 부정적인 정서뿐 아니라 긍정적인 정서를 포함하여 일반적으로 중간 강도의 정서 상태를 나타낸다.

1=매우 낮음 다른 사람의 분위기나 정서를 거의 인식하지 못한다. 다른 사람이 화나 있거나 흥분한 상태에 대해 반응하지 않는다. 다른 사람의 정서에 따라 자신의 정서 상태를 조절하는 일이 거의 없고, 상황에 적합한 정서 반응이 아니다. 다른 사람들에 대해 관심이 전혀 없고 자기만의 세계에 갇혀 있는 듯하다.

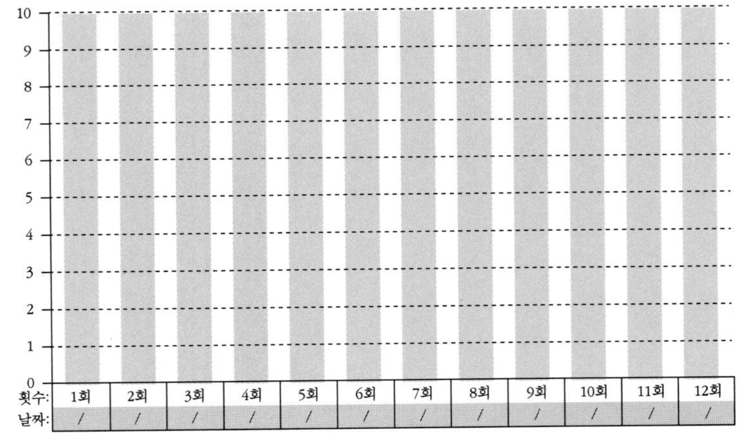

출처: 김정미 역(2021). RT 반응성 교수 교육과정. 학지사. 제4부 교육과정 자료 3 참조.

③ 중심축 행동(PB): 협력(Cooperation)

● 회기 목표

이번 회기의 목표는 협력이 아동의 사회정서 발달 향상을 위해 지속적으로 해야 하는 중요한 행동임을 설명하는 것이다. 또한 아동의 협력을 효과적으로 일상적인 상호작용에 통합할 수 있는 RIS를 배울 것이다.

● 협력이란

- 아동은 어른이 요구한 것에 따르고 어른과 협력한다.
- 아동은 어른이 요구하는 것을 하기 위해 꾸준히 노력한다.
- 아동은 어른의 제안에 즉각적으로 반응한다.

Level 1. 기본 단계

협력의 기본 논의점

- 아동이 협력하지 못하는 것은 협력하는 법을 학습하지 않았기 때문이다. 부모는 아동이 ① 부모의 요구에 응하지 않거나, 또는 ② 먹기, 옷 입기와 같은 일상적인 일에 협력하지 않는다면, 아동에게 행동 문제가 있다고 말한다. 이러한 경우에 부모는 아동이 고집이 세거나 호전적이거나 심지어 적대적이라고 보지만, 이는 단순히 아동이 협력하는 법을 학습하지 못했기 때문이다.

- 아동은 부모의 요구에 순응하여 성공적인 결과를 경험했을 때 협력하는 법을 배운다. 협력은 아동이 부모와 함께하는 협력적인 활동에 성공적이고 반복적으로 참여함으로써 발달하는 습관이다. 아동과 부모 사이에 발생하는 비언어적이고 호혜적인 상호작용은 아동이 처음으로 배우는 협력 형태(예: 부모와 함께하는 것)이다. 이러한 호혜적인 상호작용 속에서 부모는 아동의 비언어적 신호와 행동에 반응하고 아동 역시 부모의 목소리, 접촉, 비언어적 몸짓에 반응한다. 초기 상대방과 주고받기식 활동을 통해 아동은 부모와 협력하는 것을 배우게 된다.

- 아동은 부모와 함께하면서 협력하는 법을 배운다. 만일 부모가 아동에게 장남감을 주워서 바구니에 넣도록 요구하였을 때, 부모와 함께 해 본 적이 없다면 대부분의 아동은 이를 수행하지 못할 것이다. 그러나 부모가 일상에서 아동과 함께 해 보았다면, 아동은 점차적으로 부모의 요구에 반응하는 법을 배울 것이다. 이러한 과정은 몇 달, 길게는 몇 년에 걸쳐 발달한다.

협력을 촉진하는 기본 RIS

아동의 협력을 증진하기 위한 전략들이다. 아동과 함께하는 일상생활 중에 통합하여 자주 적용한다.

113 아동의 세계로 들어가기
114 거울처럼 그대로 반영해 주고 평행 놀이를 하면서 함께 활동하기
421 놀이 상대자로서 행동하기
121 한 번 하고 아동의 차례 기다리기
412 기대하며 수행을 기다리기
112 자주 함께 놀이하기

출처: 김정미 역(2021). RT 반응성 교수 교육과정. 학지사. 제4부 교육과정 자료 6 참조.

Level 2. 핵심 단계

협력의 핵심 논의점

- 아동의 능력 범위 안에 있는 것을 하도록 요구한다. 부모의 요구에 순응하는 정도는 요구된 것을 할 수 있는 능력 수준과 관계가 있다. 아동이 분명하게 할 수 있는 행동을 요구하였다면, 아동의 능력 부족으로 적절한 반응을 못하지는 않을 것이다. 그러나 아동이 학습과정 중에 있거나 아직 할 수 없는 반응을 요구한다면, 아동은 요구에 협력하지 못할 것이다.

- 부모의 요구가 아동에게 어려운 것인지 사정한다. 아동의 행동을 관찰한다. 만일 아동이 자주하는 행동을 요구하였다면, 이 행동은 아동의 능력 범위 내에서 잘하거나 분명히 할 수 있는 행동이다. 발달 검사나 목록(예: 발달 레인보우)을 활용하여, 현재 발달 수준에서 아동이 전형적으로 할 수 있는 행동인지를 판단한다. 이는 ① 현재 기능 범위 이하에 있는 행동, 그리고 ② 아동의 발달 기능을 상위하는 행동을 규명하는 데 사용될 수 있다. 아동에게 발달연령 이하의 범위에 해당하는 행동을 하도록 요구하였을 때는 쉽게 반응할 수 있을 것이다. 그러나 현재 발달 기능 수준 이상의 것을 요구한다면 쉽게 반응할 수 없을 것이다.

- 요구 횟수를 줄인다. 아동이 비협력적인 이유는 아동이 반응할 수 있는 정도보다 더 많이 요구하기 때문이다. 아동이 협력하지 않는 것은 능력 부족보다는 과도한 요구 횟수 때문이다. 따라서 요구하는 횟수를 줄인다면 아동은 더 협력적일 것이다. 아동이 부모의 요구에 반응할 수 있는 정도에는 한계가 있다. 따라서 부모가 요구 횟수를 줄인다면, 아동과 반응하는 횟수가 증가하지 않더라도 아동은 더 협력적일 것이다.

협력을 촉진하는 핵심 RIS

아동의 협력을 증진하기 위한 전략들이다. 아동과 함께하는 일상생활 중에 통합하여 자주 적용한다.

313 아동에게 선택할 기회를 자주 주기
513 아동의 발달 수준에 맞는 행동을 요구하기
523 아동의 주도에 다르기
311 질문 없는 의사소통하기
423 일상적인 일을 놀이로 전환하기

출처: 김정미 역(2021). RT 반응성 교수 교육과정. 학지사. 제4부 교육과정 자료 6 참조.

Level 3. 심화 단계

협력의 심화 논의점

- 아동의 현재 흥미와 관련된 것을 하도록 요구한다. 아동이 관심이 없는 활동을 하도록 요구한다면, 아동은 협력하지 않을 것이다. 아동이 협력하지 않는 것은 너무 어려운 것을 요구해서가 아니라 흥미로운 것을 포기하도록 했기 때문이다. 어른과 마찬가지로 아동도 흥미롭지 않은 요구에 순응하지 않는다.

- 무엇을 할지 또는 어떻게 할지 아동이 선택하도록 한다. 아동이 무엇을 할지 선택해 봄으로써 자신의 행동을 통제하는 연습을 할 수 있다. 아동이 선택하는 것을 격려할 때, 흥미 없는 것을 하도록 강요할 때와는 다르게 아동은 적극적으로 활동에 참여하도록 한다. 아동이 좋아하는 것을 할 때 협력에 대한 저항은 줄어든다.

협력을 촉진하는 심화 RIS

아동의 협력을 증진하기 위한 전략들이다. 아동과 함께하는 일상생활 중에 통합하여 자주 적용한다.

235 불순종을 아동의 선택이나 능력 부족으로 해석하기
516 발달적으로 적합한 규칙과 기대 가지기

출처: 김정미 역(2021). RT 반응성 교수 교육과정. 학지사. 제4부 교육과정 자료 6 참조.

Level 4. 복습 단계

협력의 논의점 요약

- 아동이 겪는 전환에 대한 스트레스를 줄일 수 있다. 전환이 어려운 이유는 앞으로 일어날 일에 대한 이해 없이 아동에게 현재 활동에서 벗어나도록 요구하고, 아동은 흥미로운 활동을 그만두어야 하기 때문이다. 아동이 활동을 전환시키려는 것에 대해 부정적으로 반응하는 것이 부모에 대한 경시나 반항의 표시가 아니라는 것을 이해해야 한다. 이는 아동이 자신의 감정을 통제하거나 전환의 필요성에 대한 이해 능력이 부족하기 때문이다.

- 아동이 잘 협력하도록 하기 위해서는 ① 아동의 반응을 예측하고, ② 흥미를 전환시키고, ③ 편안하게 안정시킨다. 전환시키고자 할 때 아동이 어떻게 반응할지는 상당 부분 예측 가능하기 때문에 부모는 아동의 반응에 준비할 수 있다. 부모는 아동의 흥미를 끌 만한 장난감(예: 트럭, 인형)이나 활동(예: 익숙한 노래)을 제시하여 아동의 스트레스를 줄이면서 활동을 전환할 수 있다. 부모는 아동을 지지하며 편안하게 돌봄으로써 아동이 전환으로 인한 부정적 정서를 잘 다루도록 한다. 이는 아동이 전환으로 인한 스트레스를 극복하는 법을 배울 수 있도록 해 준다.

협력을 위한 RIS

Level 1. 기본 RIS

113 아동의 세계로 들어가기
114 거울처럼 그대로 반영해 주고 평행 놀이를 하면서 함께 활동하기
421 놀이 상대자로서 행동하기
121 한 번 하고 아동의 차례 기다리기
412 기대하며 수행을 기다리기
112 자주 함께 놀이하기

Level 2. 핵심 RIS

313 아동에게 선택할 기회를 자주 주기
513 아동의 발달 수준에 맞는 행동을 요구하기
523 아동의 주도에 따르기
311 질문 없는 의사소통하기
423 일상적인 일을 놀이로 전환하기

Level 3. 심화 RIS

235 불순종을 아동의 선택이나 능력 부족으로 해석하기
516 발달적으로 적합한 규칙과 기대 가지기

중심축 행동 평가

중심축 행동 프로파일을 사용하여 아동의 협력을 평가한다. RT 중재 회기 동안 아동의 협력은 어떻게 변화되었는가?

협력

아동은 부모의 요구나 제안에 순응하며, 일정한 목적을 위하여 부모와 함께 수행하는 데 협력하는가? 아동은 상대방이 요청하는 것을 하기 위하여 일관성 있는 노력을 보이는가? 아동은 상대방의 제안에 신속히 반응하는가?

어느 정도인가?

10=매우 높음 상대방의 요구나 제안에 지속적으로 순응하려고 한다. 상대방이 자신에게 기대하는 것이 무엇인지 알고, 상대방이 바라는 대로 행동하는 것을 거부하는 일이 거의 없다. 상대방이 기대하고 요구하는 것을 하는 것에 즐겁고 기뻐한다. 상대방의 요구에 저항하는 일이 거의 없고, 만약 저항한다면 그것은 아동이 피곤하거나 낯선 상황이라는 환경적인 영향에 의한 것이다.

5=중간 정도 상대방의 요구나 제안에 반은 협력하고, 반은 협력하지 않기도 한다. 처음에는 활동에 반항적으로 행동하다가도 상대방이 더욱 강하게 요구하면 순응한다.

1=매우 낮음 결코 상대방의 요구나 희망대로 따르지 않고 자주 상대방의 요구를 무시한다. 상대방이 어떤 것을 하라고 요청하면 자리를 떠나거나 외면한다. 상대방이 순응하도록 압력을 줄 때 아무 응답도 하지 않거나 심하게 짜증을 내면서 거부한다.

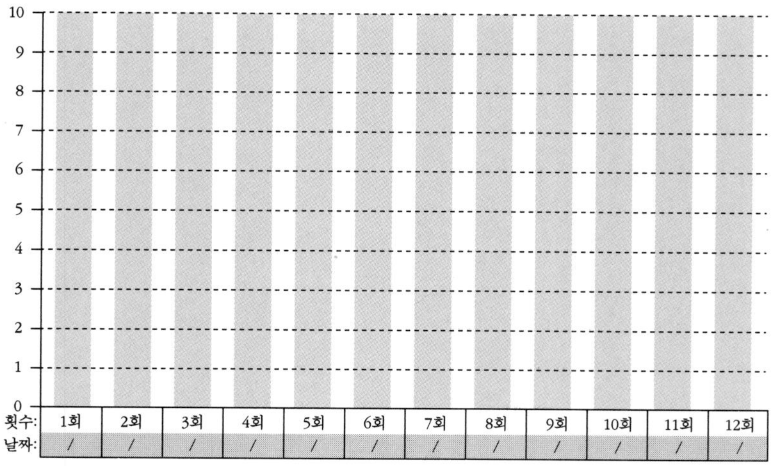

출처: 김정미 역(2021). RT 반응성 교수 교육과정. 학지사. 제4부 교육과정 자료 3 참조.

④ 중심축 행동(PB): 자기조절(Self Regulation)

회기 목표

이번 회기의 목표는 자기조절이 아동의 사회정서 발달 향상을 위해 지속적으로 해야 하는 중요한 행동임을 설명하는 것이다. 또한 아동의 자기조절을 효과적으로 일상적인 상호작용에 통합할 수 있는 RIS를 배울 것이다.

자기조절이란

- 아동이 좌절하였을 때, 스스로 가라앉힐 수 있는 능력이다.
- 전환(transition)과 일상의 변화에 적응한다.

Level 1. 기본 단계

자기조절의 기본 논의점

- 어린 아동은 자신의 감정에 본능적으로 반응한다. 어린 아동은 고통, 불편함, 배고픔을 느끼거나 신체적 접촉을 원할 때 울음으로 반응하며, 행복하거나 흥분되거나 누군가를 보고 즐거울 때 미소로 반응한다. 대부분의 어린 아동은 부정적인 감정이나 좌절을 조절하는 능력이 없기 때문에 자신의 감정을 숨기지 못한다.

- 아동은 발달 초기 동안 자신의 감정을 다루는 법을 배운다. 자기조절은 생후 초기에 발달하는 중요한 사회정서 기능이다. 약 15개월일 때 발달하기 시작하며, 점차 울음과 짜증이 감소하는 것을 통해 정서를 다루는 능력이 향상되었다는 것을 인식할 수 있으며, 이후 계속해서 발달한다. 아동은 언어가 발달함에 따라 자신의 요구를 울음이나 공격적인 행동보다 효과적으로 표현하는 방법을 터득하게 되며, 점차 자신의 감정을 다루고 감정에 대한 반응을 규제하는 내적 전략과 기제를 발달시키게 된다.

- 아동이 불편해할 때 편안하게 해 주고 달래 주고 공감해 주며 아동의 감정에 반응해 줌으로써, 아동은 부정적인 정서를 스스로 다루는 법을 배운다. 부모가 지속적으로 아동의 감정을 완화해 주는 행동을 해 주는 것은 아동이 스스로 감정을 조절하는 내적 기제를 발달시키도록 돕는다. 이는 아동에게 분노와 다른 부정적인 행동을 참도록 억압하는 것과는 다르다. 때때로 부모는 벌을 통해 아동의 울음과 공격적인 행동을 통제하는 방식으로 아동의 부정적인 행동을 조절하려고 한다. 그러나 이러한 방식은 아동이 스스로 감정을 조절하는 것이 아니며, 아동은 불안, 무서움 그리고 분노와 같은 감정을 계속 가지게 되고 장기적으로는 정서 안정을 악화시킬 것이다.

자기조절을 촉진하는 기본 RIS

아동의 자기조절을 증진하기 위한 전략들이다. 아동과 함께하는 일상생활 중에 통합하여 자주 적용한다.

111 신체적인 상호작용하기
112 자주 함께 놀이하기
212 아동의 관점 택하기
221 아동의 신호, 울음 또는 비언어적 요구에 즉시 반응하기
431 과격하지 않게 신체 접촉하기
432 주의를 끌기 위한 아동의 울음이나 요구에 애정적으로 반응하기

출처: 김정미 역(2021). RT 반응성 교수 교육과정. 학지사. 제4부 교육과정 자료 6 참조.

Level 2. 핵심 단계

자기조절의 핵심 논의점

- 아동의 행동 유형이나 기질은 자기조절을 학습하는 데 중요한 역할을 한다. 아동의 자기조절 능력에 영향을 미치는 주요 요인은 스트레스에 반응하는 기질이나 생물학적 성향이다. 스트레스에 과잉 반응하는 경향이 있는 아동은 항상 경계적인 신경계를 가진다. 이러한 아동이 나타내는 정서 반응은 부모를 향한 부정적인 반응이 아니라 생물학적으로 자기조절 능력의 한계를 넘어선 반응이다.

- 아동은 부모의 안정과 수용을 통해 스스로 진정시키는 법을 배운다. 아동이 불편해할 때, 부모가 편안하게 해 주고 잘 돌봐 줄수록 아동은 정서를 다루는 전략을 더 빨리 습득하게 된다. 부모가 아동을 안아 주고, 쓰다듬고, 달래 주고, 노래를 불러 주고, 토닥토닥 두드려 주고, 안아서 달래 줄 때, 아동은 빨리 안정을 찾을 수 있다. 특히 영유아기 어린 아동은 스스로를 진정시키거나 자신의 정서를 통제할 수 있는 능력이 아직 미숙하기 때문에, 이러한 부모의 안정은 아동에게 정서적 담요 역할을 한다. 그리고 아동은 스스로 진정하는 방법을 배우고 심리적 불편감을 줄일 수 있다.

- 부모의 반응성은 까다로운 기질의 아동과 겪는 갈등을 줄일 수 있다. 예를 들어, 저녁 식사 자리에서 아동이 20분 동안 앉아 있지 못한다면, 5분 후에 일어나거나 계속 앉아 있지 않아도 된다고 허락한다. 만일 아동이 낯선 사람과 함께 있는 것에 두려움을 느낀다면, 아동이 낯선 사람에게 좀 더 편안해질 때까지 부모 가까이에 앉히거나 아동을 안아 줌으로써 안심시켜 준다. 부모가 장기적인 목표를 가지고 아동의 기질과 성향에 맞는 기대를 유지한다면, 아동은 점차 부모의 기대에 순응하는 법을 배우게 될 것이다. 생애 초기에 아동의 행동 유형이나 기질에 유동적이고 수용적이라면, 부모는 아동과의 갈등을 줄일 수 있다. 무엇보다 부모가 적합하고 필요하다고 여기는 것에 따라 행동하도록 하기보다는 아동 스스로 스트레스 상황과 활동을 다루는 법을 배우도록 시간을 주고 지원해 주는 것이 중요하다는 사실을 알아야 한다.

자기조절을 촉진하는 핵심 RIS

아동의 자기조절을 증진하기 위한 전략들이다. 아동과 함께하는 일상생활 중에 통합하여 자주 적용한다.

532 아동의 일반적인 상호작용 활동을 관찰하기
516 발달적으로 적합한 규칙과 기대 가지기
534 아동의 행동 유형에 적합한 기대 가지기
533 아동의 행동 상태에 반응하기
433 아동이 소란스럽거나, 짜증을 내고 화낼 때 달래 주기

출처: 김정미 역(2021). RT 반응성 교수 교육과정. 학지사. 제4부 교육과정 자료 6 참조.

Level 3. 심화 단계

자기조절의 심화 논의점

- 아동의 기질이나 행동 유형에 따른 행동을 기대할 때, 아동은 자신의 행동을 성공적으로 조절하게 된다.
  - 부모는 아동이 가장 잘 반응할 수 있는 방식에 맞는 기대를 가진다. 예를 들어, 아동이 매우 활동적이라면, 부모는 아동이 조용히 하거나 차분히 있도록 기대하기보다 일상적인 일과 속에서 신체적인 활동의 기회를 줄 때 더욱 성공적으로 아동의 협력을 이끌 수 있다.
  - 부모는 아동의 선천적인 성향을 수용한다. 아동이 자신의 행동을 통제할 수 있는 능력이 발달함에 따라 부모는 점차적으로 아동과 순응을 이끌거나 기대를 증가시킬 수 있다.

- 아동의 선천적인 성향과 반대되는 방식으로 아동이 행동하기를 기대하는 것은 갈등과 긴장을 높인다. 부모의 기대와 요구가 아동의 선천적인 성향에 부합하지 못하거나 조화를 이루지 못하는 것이라면, 아동은 그러한 기대와 행동에 따르지 못할 것이다.

- 부모의 분노는 아동의 감정 폭발을 악화시킨다. 많은 부모는 아동의 짜증에 화를 낸 경험을 가지고 있다. 그러나 이러한 반응은 아동의 감정을 해결하는 데 도움이 되지 않는다. 부모가 아동의 불편한 감정에 화내는 반응을 보일수록 아동의 불편한 감정은 고조되고 폭발하게 된다. 부모는 아동이 스트레스에 대한 반응을 조절할 수 있는 능력이 부족하기 때문에 무의식적으로 스트레스를 표출한다는 사실을 쉽게 잊어버린다. 부모는 아동이 자신의 감정을 억압하여 표출하지 않도록 강요할 수는 있지만 아동이 가지는 좌절, 분노 또는 두려움을 해결하지 못한다.

- 아동이 자신의 불편한 정서를 효과적으로 다루도록 가르치기 위해서는 먼저 부모가 자신의 정서를 조절할 필요가 있다. 만일 부모가 아동의 감정 폭발로 화를 내는 편이라면, 부

모는 이러한 폭발을 조절하기 위한 계획을 고민해야 한다. 예를 들어, 신체 운동을 하거나 다른 사람에게 아동을 부탁하여 아동으로부터 벗어나 휴식을 갖도록 계획해 본다. 만일 부모가 자신의 감정을 조절할 수 없을 정도로 스트레스를 받으면서 육아를 계속하게 된다면, 아동과의 부정적인 상호작용을 피하기 어려울 것이다.

자기조절을 촉진하는 심화 RIS

아동의 자기조절을 증진하기 위한 전략들이다. 아동과 함께하는 일상생활 중에 통합하여 자주 적용한다.

223 즉시 훈계하고 위로해 주기

출처: 김정미 역(2021). RT 반응성 교수 교육과정. 학지사. 제4부 교육과정 자료 6 참조.

Level 4. 복습 단계

자기조절의 논의점 요약

- 아동은 자신의 정서에 대처하거나 규제할 수 있는 능력 범위를 넘어서는 스트레스나 좌절을 경험할 때 심한 짜증(tantrum)을 내게 된다. 아동이 자신의 스트레스에 효과적으로 규제하는 전략을 가지고 있지 않을 때 정서적 폭발을 나타낸다. 아동의 심한 짜증은 어른의 신경증과 같다. 두 경우 모두 스스로가 자신을 통제할 수 없다는 강한 느낌을 받을 때 나타나는 반응이다.

- 심한 짜증은 아동이 자신의 정서를 조절하는 능력이 발달함에 따라 감소한다. 이러한 행동이 줄어드는 비율은 아동의 대처 전략이 발달하는 속도와 스트레스 요인의 본질에 따라 다르다.

- '까다로운' 기질의 아동은 자신의 행동을 효과적으로 다루기 위한 자기통제력의 발달이 필요하다. 이러한 아동은 '순한' 기질의 아동과 같은 수준의 대처 기술을 가질 수 있지만, 다른 아동에 비해 훨씬 더 강하게 스트레스를 받기 때문에 심한 짜증과 외현적 행동을 보이는 빈도를 줄이는 데는 좀 더 시간이 걸린다.

자기조절을 위한 RIS

Level 1. 기본 RIS

111 신체적인 상호작용하기
112 자주 함께 놀이하기
212 아동의 관점 택하기
221 아동의 신호, 울음 또는 비언어적 요구에 즉시 반응하기
431 과격하지 않게 신체 접촉하기
432 주의를 끌기 위한 아동의 울음이나 요구에 애정적으로 반응하기

Level 2. 핵심 RIS

532 아동의 일반적인 상호작용 활동 관찰하기
516 발달적으로 적합한 규칙과 기대 가지기
534 아동의 행동 유형에 적합한 기대 가지기
533 아동의 행동 상태에 반응하기
433 아동이 소란스럽거나, 짜증을 내고 화낼 때 달래 주기

Level 3. 심화 RIS

223 즉시 훈육하고 위로해 주기

중심축 행동 평가

중심축 행동 프로파일을 사용하여 아동의 자기조절을 평가한다. RT 중재 회기 동안 아동의 자기조절은 어떻게 변화되었는가?

자기조절

혼란스럽거나 좌절 상태에 빠진 경우, 아동은 스스로 진정할 수 있는가? 심하게 짜증을 내고 우는 상황이 자주 발생하지 않으며, 발생한다고 하더라도 잠시 동안인가? 아동은 좋아하는 장난감을 붙잡고 있거나 다양한 놀이 활동에 참여함으로써 스스로 안정을 취하는가? 아동은 주변 환경이나 일상의 변화에 쉽고 빠르게 적응할 수 있는가?

어느 정도인가?

10=매우 높음 일반적으로 매우 안정적이고 비교적 좌절을 잘 견디며 변화에 잘 적응한다. 울거나 좌절하는 경우는 드물고, 그런 일이 생긴다면 매우 피곤하거나 아픈 경우이다. 재빨리 자신의 기분 전환 거리를 찾는다. 부모가 편안하게 해 주면 빠르게 안정을 찾고, 새로운 장난감이나 활동을 제안하면 쉽게 기분이 풀린다.

5=중간 정도 아동은 좌절이나 변화를 이겨 내는 데 어려움을 겪는 시기가 있다. 이때 부모가 편안하게 해 주고 지지해 주면 안정되거나, 때로는 좋아하는 장난감을 안고 있거나, 새로운 활동으로 전환하며 스스로 안정을 찾을 수도 있다.

1=매우 낮음 쉽게 좌절하고, 자주 울고, 심하게 짜증을 낸다. 일상의 변화를 거의 참지 못한다. 한번 기분이 상하면 안정을 찾기가 어렵고, 스스로 안정을 찾는 행동을 하지 못한다. 아동이 울 때 부모가 편안하게 해 주려고 노력하는 데에도 불구하고, 오랫동안 안정을 찾지 못한다.

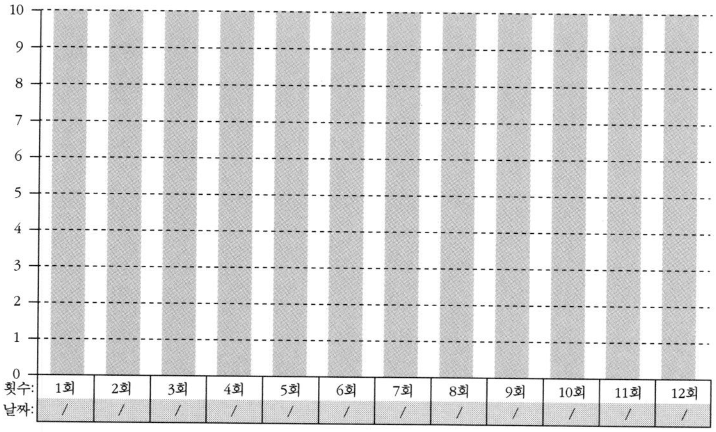

출처: 김정미 역(2021). RT 반응성 교수 교육과정. 학지사. 제4부 교육과정 자료 3 참조.

5 중심축 행동(PB): 자신감(Feelings of Confidence)

● 회기 목표

이번 회기의 목표는 자신감이 아동의 사회정서 발달 향상을 위해 지속적으로 해야 하는 중요한 행동임을 설명하는 것이다. 또한 아동의 자신감을 효과적으로 일상적인 상호작용에 통합할 수 있는 RIS를 배울 것이다.

● 자신감이란

- 자신에 대한 긍정적인 감정을 가지는 정도이다.
- 자신에 대한 자부심, 사람들과 상호작용하고 새로운 것을 시도하려는 동기 부여를 말한다.

Level 1. 기본 단계

자신감의 기본 논의점

- 자신감이 있는 아동은 도전에 맞서고 인지적 · 사회적 관계에서 자신의 의견을 주장한다. 아동이 배우는 것의 대부분은 학습자가 되는 능력과 세상에서의 시련과 요구에 대처하는 능력에 달려 있다. 아동이 효과적인 학습자가 되기 위해 필요한 능력과 기술을 습득하기 위해서는 아동이 알아야 하는 모든 것을 가르치는 것보다 아동이 자신의 학습 능력에 대해 느끼는 자신감과 유능감이 중요하다.

- 자신감이 높은 아동은 어렵고 도전적인 활동에 훨씬 더 오래 참여한다. 발달이란 아동이 세상에 있는 도전을 발견하고 시행착오를 통하여 이러한 도전에 대처하는 방법을 결정하는 과정이다. 아동이 능동적으로 상호작용에 참여하고 자신의 세계에 흥미를 가지고 도전과 난관에 부딪혔을 때 포기하지 않도록 하는 강한 자신감을 키운다.

- 아동의 자신감을 키우는 것은 조기 중재의 가장 중요한 목적이다. 아동이 지식, 의사소통 능력 그리고 발달 기능을 더 많이 습득하더라도 자신을 믿지 못하고 시련을 견딜 능력에 대한 자신감을 가지지 못한다면 과연 무엇을 성취할 수 있겠는가? 아동의 자신감을 키우는 것이 영유교육과 중재의 가장 중요한 목적이 되어야 하며, 아동이 아직 익히지 못한 기술을 배우고 발달시키도록 강요되어서는 안 된다.

자신감을 촉진하기 위한 기본 RIS

아동의 자신감을 증진하기 위한 전략들이다. 아동과 함께하는 일상생활 중에 통합하여 자주 적용한다.

421	놀이 상대자로서 행동하기
121	한 번 하고 아동의 차례 기다리기
111	신체적인 상호작용하기
112	자주 함께 놀이하기
432	주의를 끌기 위한 아동의 울음이나 요구에 애정적으로 반응하기

출처: 김정미 역(2021). RT 반응성 교수 교육과정. 학지사. 제4부 교육과정 자료 6 참조.

Level 2. 핵심 단계

자신감의 핵심 논의점

- 부모의 반응성은 아동의 자신감에 영향을 미친다. 아동이 새로운 성취를 할 때 마치 큰 일을 이룬 것처럼 반응해 주고, 아동이 하는 모든 것을 즐겁게 받아들이고, "너무 대단하다." "너무 귀엽다." "너무 영리하다."라고 말해 주면서, 경쟁력 있고 특별하며 가치가 있다는 메시지를 아동에게 지속적으로 전달해 준다. 일상에서 습관적으로 이러한 메시지를 받을 때, 아동은 점차적으로 이 메시지들을 내면화하고, 실제와는 상관없이 자신을 대단한 존재라고 여기게 된다.

- 아동이 매일 부정적인 메시지에 노출된다면, 결국 자신의 능력과 가치에 대하여 부정적인 인식을 형성하게 된다. 만일 부모가 아동과 함께하는 것을 즐기지 않으며 아동이 하는 대부분의 것을 귀찮게 여기고 아동이 할 수 없는 것에만 초점을 둔다면, 아동은 부정적 믿음을 키우게 될 것이다.

- 부모가 지속적으로 조건 없는 수용을 표현할 때 아동의 자신감은 커진다. 수용은 아동이 무엇을 하든 상관없이 아동을 가치 있게 여기는 것을 의미한다. 수용은 부모가 아동에게 그들이 얼마나 소중한 존재인지를 전하는 애정의 말과 표현이다. 부모가 자주 수용해 줄 때, 아동은 무엇을 하든 그 자체로 가치 있다는 것을 알게 되고 자신감이 발달한다.

- 아동의 발달을 너무 걱정하는 부모는 아동이 할 수 없는 것 혹은 배워야 하는 것에만 초점을 둔다. 부모는 아동이 하는 것에 즐거움을 표현하고 아동 자체로 가치 있다는 것을 알게 하는 것이 중요하다. 칭찬과 수용은 다르다. 칭찬은 아동이 하도록 기대된 것을 성취했다는 것을 알게 하기 위하여 어른이 사용하는 애정의 말과 표현이다. 그리고 수용은 아동이 무엇을 하든 상관없이 아동을 가치 있게 여기는 것을 의미한다. 부모가 과제의 성취를 강화하기 위해 아동에게 칭찬을 사용한다면 자주 수용해

주면서 칭찬과 조화를 맞춰야 한다.

자신감을 촉진하는 핵심 RIS

아동의 자신감을 증진하기 위한 전략들이다. 아동과 함께하는 일상생활 중에 통합하여 자주 적용한다.

516 발달적으로 적합한 규칙과 기대 가지기
513 아동의 발달 수준에 맞는 행동을 요구하기
134 장난감을 가지고 아동과 함께 놀기
443 아동이 하는 것은 무엇이든지 수용하기
424 아동이 즐거워하는 활동 반복하기
444 아동이 하는 신기하고, 재미있고, 바람직한 행동에 대해 이야기하기

출처: 김정미 역(2021). RT 반응성 교수 교육과정. 학지사. 제4부 교육과정 자료 6 참조.

Level 3. 심화 단계

자신감의 심화 논의점

- 생후 초기에 부모와의 성공적인 상호작용 경험은 아동의 긍정적인 자아개념을 형성하며 자신감에 큰 영향을 미친다. 시간이 지남에 따라 아동은 '나는 누구인가' '나는 무엇을 할 수 있는가' '나의 가치는 무엇인가'와 같은 자아개념을 형성한다. 어린 시기 부모와의 상호작용 속에서 아동의 자신감은 계속해서 아동의 자아를 형성시킨다. 부모나 다른 어른과의 일상 중 상호작용에서 겪는 성공과 실패의 경험은 아동의 자신감에 영향을 준다. 즉, 아동의 상호작용이 성공적일수록(예: 부모가 요구하는 것을 할 수 있다) 긍정적인 자아개념을 형성하고, 반면에 부모와의 상호작용에서 실패를 경험할수록(예: 부모가 요구하는 것을 할 수 없다.) 부정적인 자아개념을 형성하게 된다.

- 성공과 실패는 아동에게 요구되거나 기대되는 것을 할 수 있는 능력으로 정의된다. 아동의 실패는 그들의 능력보다는 아동에게 기대된 것을 얼마나 충족할 수 있는지에 따라 다르다. 발달적 문제가 있는 아동에게 발달 수준이 아닌 나이 수준에 맞추어 수행하도록 요구하고 기대한다면 실패 경험을 증가시킬 것이다. 아동의 능력과 상관없이 부모는 아동이 할 수 있는 활동을 수행하도록 요구할 때 아동의 자신감을 향상시킬 수 있다.

자신감을 촉진하는 심화 RIS

아동의 자신감을 증진하기 위한 전략들이다. 아동과 함께하는 일상생활 중에 통합하여 자주 적용한다.

232 부정확한 단어 선택, 발음 또는 유사 단어에 아동의 의도대로 반응해 줌으로써 인정해 주기
441 아동이 하는 것에 가치 두기

출처: 김정미 역(2021). RT 반응성 교수 교육과정. 학지사. 제4부 교육과정 자료 6 참조.

Level 4. 복습 단계

자신감의 논의점 요약

- 성공적인 학습은 특정 기술과 행동의 습득보다 아동이 그것을 어떻게 느끼는가에 달려 있다. 초등학교에서 학습 성취를 잘 이룬 아동은 1학년을 성공적으로 보낸 아동이다. 그러나 1학년 때 배우는 것이 아주 대단한 내용도 아니며 실제로 1학년 때 해당 학습 내용을 숙달하지 못한 아동들도 2학년이 되면 빠르게 배우게 된다. 1학년 때 배우는 가장 중요한 것은 자신의 학습 능력에 관한 성공적인 경험일 것이다. 1학년 때 성공적인 경험을 한 아동은 이러한 자신의 경험을 앞으로의 학교생활에서도 성공적일 것이라는 기대로 시작하여 수행에 영향을 미치게 된다. 심리학에서 말하는 자기충족적 예언(self fulfilled prophecy) 효과이다.

- 아동은 부모로부터 성공을 위해 필요한 능력을 배운다. 부모가 아동이 할 수 있는 것을 하도록 기대한다면, 아동은 성공을 반복적으로 경험하게 될 것이다. 이처럼 어린 시절에 성공을 경험한 아동은 자신을 '가능성 있는 사람'으로 인식하게 된다. 비록 아동이 제한된 학습 능력을 가지고 있더라도 자신의 학습 능력에 대한 믿음은 아동의 일생 동안 학습 성취에 긍정적 영향을 미친다.

자신감을 위한 RIS

Level 1. 기본 RIS

421 놀이 상대자로서 행동하기
121 한 번 하고 아동의 차례 기다리기
111 신체적인 상호작용하기
112 자주 함께 놀이하기
432 주의를 끌기 위한 아동의 울음이나 요구에 애정적으로 반응하기

Level 2. 핵심 RIS

516 발달적으로 적합한 규칙과 기대 가지기
513 아동의 발달 수준에 맞는 행동을 요구하기
134 장난감을 가지고 아동과 함께 놀기
443 아동이 하는 것은 무엇이든지 수용하기
424 아동이 즐거워하는 활동 반복하기
444 아동이 하는 신기하고, 재미있고, 바람직한 행동에 대해 이야기하기

Level 3. 심화 RIS

232 부정확한 단어 선택, 발음 또는 유사 단어에 아동의 의도대로 반응해 줌으로써 인정해 주기
441 아동이 하는 것에 가치 두기

중심축 행동 평가

중심축 행동 프로파일을 사용하여 아동의 자신감을 평가한다. RT 중재 회기 동안 아동의 자신감은 어떻게 변화되었는가?

자신감

아동은 사회적이거나 비사회적인 과제를 수행하는 자신의 능력에 대해 긍정적인 느낌을 가지고 있는가? 사람들과 상호작용할 때 또는 새로운 것을 시도할 때 자신에 대해 긍정적으로 동기 부여 하는가? 아동은 자신이 할 수 있다는 것에 자부심을 가지며, 새로운 활동을 기꺼이 시도하는가?

어느 정도인가?

10=매우 높음 사람을 상대하거나 활동에 참여할 때, 직접적이고 솔직하다. 서슴없이 환경에 맞서고, 새로운 활동이나 사람과 쉽게 상호작용한다. 새로운 상황을 다루는 데 풍부한 사교성과 능력이 있다. 새로운 것을 시도하는 데 주저함이 거의 없고, 활동이 전체적으로 익숙하지 못한 경우에만 주저한다.

5=중간 정도 아동의 행동은 접근, 회피로 특징지을 수 있다. 아동이 새로운 활동이나 상황을 시도하는 데 관심이 있어도 실제로 참여하지는 못하는데, 그 이유는 자신에 대한 확신이 서지 않기 때문이다. 때때로 새로운 활동을 시도하기도 하는데, 그때는 조심스럽게 천천히 참여하곤 한다. 어떤 장해물에 부딪히면 대개 그 활동을 포기한다.

1=매우 낮음 거의 항상 자기 확신이 없어 보이며, 종종 할 수 있는 것도 할 수 없는 것처럼 행동한다. 일반적으로 활동에 참여하기를 주저하고 두려워한다. 부끄럼이 많고, 소심하며, 어른에게 자신이 하는 것을 보라고 요청하거나 어른에게 보여 주면서 자신에게 주의를 끌도록 하는 일이 거의 없다.

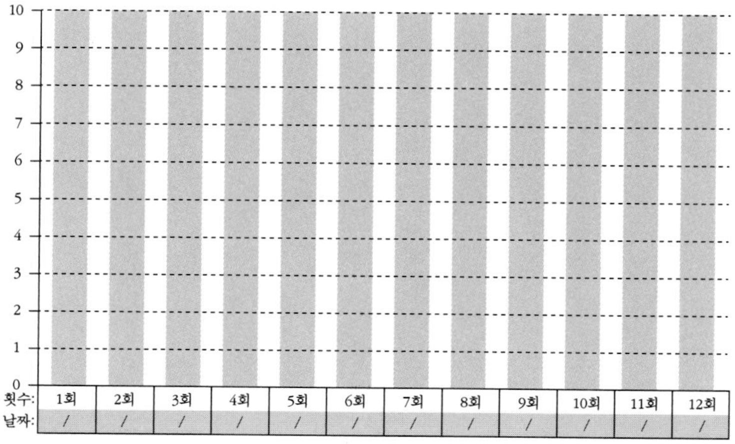

출처: 김정미 역(2021). RT 반응성 교수 교육과정. 학지사. 제4부 교육과정 자료 3 참조.

chapter 06

RT 중재 실행

1. 개별화 RT 중재 회기 계획안 작성
2. RT 중재 수행 지침
3. FAP 활동
4. 중심축 행동 목표 실행

RT 중재 대상이 선정되었다면, RT 중재 회기는 일반적으로 세 개의 절차 범주로 이루어진다. ① 아동의 발달적 관심과 요구에 따른 개별화 RT 중재 회기 계획 수립, ② RT 중재 실행, ③ 가족행동계획(FAP) 개발 및 시행이다. RT 중재를 위한 권장 사항은 개별 중재 회기에 대한 것이지만 집단 중재에 맞게 조정될 수 있다.

1 개별화 RT 중재 회기 계획안 작성

RT는 중재 회기 수행을 위해 일련의 계획을 수립하도록 개발되었다. RT 중재 회기는 특히 아동의 현재 발달 기능 수준에 부합하고 부모가 아동에 대해 갖고 있는 고민과 관심사에 대응하여 설계한다. RT 중재 회기 계획 수립을 위한 절차는 〈표 6-1〉과 같다.

표 6-1 **RT 중재 회기 진행 절차**

단계	단계별 목표	도구
1단계	부모의 관심 사항을 확인하고 발달 목적 확인하기	
2단계	첫 번째 중심축 행동 목표로서 사회적 놀이 계획하기	RT 중재 계획과 진행 기록표1)
3단계	아동발달 촉진을 위한 중심축 행동 목표 선정하기	중심축 행동 마법사2)
4단계	중심축 행동 중재 목표 4단계 실행하기	RT 중재 회기 계획안3)
5단계	RT 중재 회기 활동 기록하기	RT 중재 회기 평가표4) 중심축 행동 프로파일5)

- 1단계: 부모의 관심 사항을 확인하고 발달 목적 확인하기

조기 중재 프로그램에서는 '개별화 가족 서비스 계획안(Individualized Family Service Plan: IFSP)'에 아동발달에 관한 부모의 관심사를 반드시 제시하도록 한다. 부모의 관심사는 아동발달에 대한 부모의 요구 사항에서부터 발달 촉진을 위한 놀이 방식, 색깔, 숫자, 단어 학습, 자신의 요구 전달 방식 학습, 형제자매와 상호작용하는 방법, 또는 일상

1) 김정미 역(2021). RT 반응성 교수 교육과정. 학지사. 제4부 교육과정 자료 4, pp. 197-213 참조.
2) 김정미 역(2021). RT 반응성 교수 교육과정. 학지사. 제4부 교육과정 자료 2, pp. 175-178 참조.
3) 김정미 역(2021). RT 반응성 교수 교육과정. 학지사. 제4부 교육과정 자료 5, pp. 215-218 참조.
4) 이 책의 〈표 6-4〉 참조.
5) 김정미 역(2021). RT 반응성 교수 교육과정. 학지사. 제4부 교육과정 자료 3, pp. 179-195 참조.

에서 잘 지내는 방법(예: 비명 지르지 않기, 밤에 잘 자기, 즐겁게 활동하기), 그리고 일과에 적극적 참여, 긍정적 감정 학습에 이르기까지 폭넓게 포함하고 있다.

RT 중재에서는 부모의 관심사를 확인하는 데 그치는 것이 아니라 부모가 가져왔던 관심사와 관련된 발달 영역 또는 중재 목표로서 중심축 행동에 중점을 두고 계획한다. 예를 들면, 만일 아동이 언어발달에 문제가 있고 부모가 일차적으로 아동의 언어발달에 관심이 있다고 할지라도, 중재는 언어발달에 영향을 미치는 인지와 사회정서 기능에 근본이 되는 다른 발달 영역도 촉진할 필요가 있다. RT 중재사는 각기 다른 영역의 목표들이 아동에게 기대하는 발달을 성취하는 데 어떻게 연관되고 도움이 되는지 부모에게 이해시켜야 한다.

대부분의 아동은 여러 영역에 걸쳐 발달 문제가 나타난다. 그러나 RT 중재에서는 한 중재 회기 동안에 하나의 발달 영역을 목표로 계획하여 수행한다. 경험에 의하면, 이는 중재 회기에서 중점을 두는 목표를 명확하게 하고, 부모가 중재 내용을 쉽게 기억하고 가족행동계획에서 수행할 수 있도록 한다. 한 번에 발달 영역을 하나로 제한하는 것이 다른 영역의 아동의 발달을 저해하는 것이 아니며, 오히려 한 영역에서 정한 중재 목표를 촉진하는 RT 중재 전략이 목표로 선정하지 않은 다른 영역에 포함된 발달도 촉진한다.

- **2단계: 첫 번째 중심축 행동 목표로서 사회적 놀이 계획하기**

RT 중재는 모든 아동에게 있어서 아동의 발달적 요구와 상관없이 사회적 놀이 중심축 행동을 다루는 것에서부터 시작한다. 사회적 놀이는 RT 중재에서 다루는 3개 발달 영역(즉, 인지, 의사소통 및 사회정서 기능)에서 기본이 되는 상호작용 기술로써, 아동이 부모 또는 다른 양육자와 빈번하게 호혜적으로 상호작용하는 것을 배울 수 있다. 사회적 놀이는 두 사람이 함께하는 과정으로써 부모와 그 밖의 다른 사람과 함께 친밀하고 호혜적인 상호작용 에피소드를 지속하는 아동의 능력을 촉진하기 위한 기초 역량이다.

따라서 이후 아동의 발달 촉진을 위한 중심축 행동 목표를 진행하기 전에 사회적 놀이의 4개 단계 중재 회기 절차를 반드시 모두 다루도록 한다. 실제로 중심축 행동 사회적 놀이를 촉진하는 RT 중재 전략들은 3개 발달 영역, 즉 인지, 의사소통, 사회정서 영역의 목표를 성취하는 데 필수적인 전략으로 구성하고 있다.

• 3단계: 아동발달 촉진을 위한 중심축 행동 목표 선정하기

아동의 발달 요구와 가장 관련 있는 중심축 행동 중재 목표를 선정한다. RT 중재에서 다루고 있는 3개 발달(인지, 의사소통, 사회정서 영역)의 목표는 각각의 발달 학습에 영향을 미치는 중심축 행동으로서 각각 5개의 목록을 구성하고 있다. RT 중재에서 제시한 중심축 행동 나열 순서는 어린 아동에게서 나타나는 출현 순서에 따른 것이다. 또한 일부 행동들은 다른 행동의 필수조건이라는 사실을 반영한다. 예를 들면, 의사소통 영역 가운데 중심축 행동 목록의 공동주의는 아동이 공동활동에 함께 참여했을 때 나타날 수 있는 행동이다. 마찬가지로 아동은 인지 영역에서 먼저 탐색 활동을 할 수 있어야 문제해결을 위한 상황을 겪을 수 있다.

RT 중재의 목적인 3개 발달 영역에 걸친 아동의 발달적 관심과 요구 사항은 각 영역에 있는 5개의 중심축 행동을 촉진함으로써 해결할 수 있다. 5개의 중심축 행동을 다루는 순서는 아동의 현재 발달 기능에 따라 달라진다. 이는 임상적 판단 또는 '중심축 행동 마법사'를 사용하여 평가할 수 있다.

'중심축 행동 마법사'는 아동이 현재 관심을 두는 발달 영역의 중심축 행동을 기반으로 하여 아동에서 적합한 중심축 행동 중재 목표를 선택하도록 도와준다. 예를 들어, 아동의 중재 목표가 인지발달과 관련이 있고 아동이 장난감이나 도구를 가지고 다양한 방식으로 놀이를 하지 못하는 유형이라면, 중심축 행동 마법사의 인지 영역(〈표 6-2〉 참조)에서 강조된 바와 같이 '탐색'이 아동의 중재 목표로 설정하기 적절한 중심축 행동일 것이다.

'중심축 행동 마법사'는 RT 중재사가 아동의 현재 기능 수준에 맞는 중심축 행동을 선택함으로써 아동의 중심축 행동 목표를 확인할 수 있도록 한다. 선택된 중심축 행동 중재 목표를 확인한 후에 RT 중재를 수행하기 위해 필요한 적절한 회기 계획을 수립한다.

표 6-2 중심축 행동 마법사의 인지 영역 예시

인지	
아동 행동	중심축 행동
• 부모나 다른 양육자와 일대일로 놀이하는 경우가 흔하지 않다. • 부모나 다른 양육자와 놀이를 하거나 그밖에 상호작용 에피소드에 오랫동안 머물러 있지 않는다. • 하루 일과 중 부모나 다른 사람들과 놀이에 참여하는 것이 놀이적이거나 즐거운 것이라기보다는 과제 지향적인 경우가 더 많다.	사회적 놀이
• 어른과 상호적인 상호작용에 지속할 수 있지만 일반적으로 무엇을 하며 놀 것인지 어떻게 놀 것인지를 어른이 결정하기를 기다린다. • 어른과 함께 놀이하는 동안 가지고 놀 장난감과 놀이 방법을 선택하는 경우가 시간 중 절반 이하이다.	주도성
• 몇 개의 장난감이나 교구만을 가지고 논다. • 아동이 장난감이나 교구를 가지고 하는 것이 다양하지 않다. • 사물이 어떤 특성(예: 모양, 질감, 부분)에 관심이 있는지 거의 드러나지 않는다. • 주변 상황에 있는 사물, 사람, 또는 신기한 일들에 거의 관심을 보이지 않는다.	탐색
• 아동의 능력 범위에서 할 수 있는 발달적 기술을 반복해서 하는 일이 드물다. • 아동이 즐기는 장난감이나 교구에 접근하지 않는다. • 아동의 현재 기능 수준 이상의 행동을 하기 위해서는 종종 격려의 힘을 얻어야 한다. • 장애물에 부딪힐 때는 언제나 쉽게 포기한다.	실행
• 놀이를 하는 동안 어떤 것을 하기에 어려움이 있을 때마다 어른의 도움을 구한다. • 아동이 문제를 해결하려고 하지만 잘 해결하지 못할 때 쉽게 좌절한다. • 어려울 것 같은 활동에 관여하지 않고 회피하려 한다.	문제해결

출처: 김정미 역(2021). **RT 반응성 교수 교육과정**. 학지사, p. 176.

- 4단계: 중심축 행동 중재 목표 4단계 실행하기

'중심축행동 마법사'는 아동의 현재 기능 수준과 가장 관련이 있는 중심축 행동 중재 목표를 확인하는 데 매우 유용하다. 이 중심축 행동 마법사를 통해 선택한 중심축 행동 중재 목표를 확인한 후, RT 중재사는 새로운 중심축 행동 중재 목표로 넘어가기 전에 4개 수준의 회기 계획을 각각 실행하도록 권장한다. 이 '4단계별 중재 회기 계획안'은 다음과 같은 세 가지 이유로 반응성 교수의 효과를 증진시킨다.

첫째, 부모가 RIS를 학습하는 데 필요한 시간과 반복을 제공한다. 'RT 중재 회기 계획안'은 부모가 RT 중재 전략을 학습하고 일상에 반복하여 적용하도록 돕는다. 발달이 지연된 어린 아동의 부모는 종종 아동과 가족 구성원을 돌보는 일 외에도 일과 지역사회 활동에도 엄청난 책임감을 가지고 있다. 부모는 RT 중재 시간 이후에는 자신의 일과로 돌아간다. 어떤 부모는 RT 수행을 의무로 여기며 중재 회기에서 다루었던 전략에 대해 생각할 여유가 없고, 중재 회기 동안에 무엇을 하였는지 떠올리지 못하기도 한다. 'RT 중재 회기 계획안'은 각 회기 동안 다루어진 RT 중재 내용을 간략한 형태로 부모에게 제공한다. 이는 부모가 RT 전략을 학습하고 익숙해지도록 도와 아동과 매일 반응성 상호작용을 수행하도록 지지하고 격려하여 RT의 효과를 향상시킨다.

둘째, 4단계 회기 계획 형식은 아동의 발달 기능을 효과적으로 향상시키는 변화 과정을 제시한다. 부모가 RT 중재 전략을 아동과의 상호작용 중에 자발적으로 포함하도록 변화하기 위해서는 시간이 필요하다(예: 6개월 이상 지속). 왜냐하면 ① 부모는 자신이 어떻게 하는지 인식하지 못한 채 아동과 상호작용하기 때문이다. 부모의 상호작용 유형은 이전에 아동과 가졌던 수많은 상호작용의 결과로 형성된 습관이다. RT 중재에서는 부모가 단순히 아동에게 익숙하지 않은 것을 하도록 요구하는 방식과 의식적으로 아동과 상호작용하는 방식을 확인한다. ② 부모가 아동과 상호작용하는 방식은 아동발달에 대한 이해와 놀이의 역할에 대한 개인적인 믿음을 반영한다. 부모가 일상 중에 RT 중재 전략을 포함시키기 위해서는 부모의 아동발달에 대한 믿음에 근본적인 변화를 주어야 한다. 따라서 부모는 변화를 위해서는 초기에는 지금까지 자신이 행해 왔던 습관적인 상호작용 방식을 포기하고 처음에는 부자연스럽게 보일 수 있는 방식으로 아동과 상호작용하는 방법을 배워야 한다. 'RT 중재 회기 계획안'은 부모에게 이러한 변화 과정에 필요한 정보를 제공하고 부모의 변화를 지지하고 격려한다.

셋째, 아동이 중심축 행동 중재 목표를 사용하는 방법을 발달시키고 학습하도록 지원한다. 아동이 이러한 발달을 보이는 데까지는 시간이 걸리며, 이는 아동의 현재 발달적 기능 수준과 지속적으로 RT 중재 전략을 실행하는 부모의 능력에 달려 있다. RT 중재는 초기에 '중심축 행동 프로파일'을 통해 아동의 중심축 행동 중재 목표의 기본 평가가 이루어진다. RT 중재 전략 사용에 대한 부모의 숙달도가 점차 향상됨에 따라 아동의 중심축 행동의 사용에 실질적인 개선이 이루어질 것이다.

표 6-3 RT 중재 회기 계획안 예시

RT 중재 회기 계획안: 부모용		1회기
아동 이름: 김알티	**날짜**: 2023. 9. 30.	**장소**: RT센터
무엇을? **인지**를 촉진하기 위해 일상에서 자주 1~5분 상호적으로 활동에 참여하여 **사회적 놀이**를 해 보세요.		
왜냐하면 - 부모는 전문가나 다른 어른들보다 아동발달에 영향을 미치거나 함께 상호작용할 수 있는 기회가 훨씬 더 많습니다.		
어떻게? **사회적 놀이**를 촉진하기 위해 일상에서 자주 '**아동의 세계로 들어가기**' 전략을 사용해 보세요. - 아동과 상호작용할 때에는 마주 볼 수 있는 자세로 놀이를 해 보세요. - 아동과 같은 방식으로 놀이하고 대화하면서 상호작용해 보세요.		
어디에서/언제: 매일 저녁 8시 30분 거실에서		

출처: 김정미 역(2021). RT 반응성 교수 교육과정. 학지사, pp. 215-218 참조.

- 5단계: RT 중재 회기 활동 기록하기

RT 중재 회기 평가표'는 RT 중재 회기 계획을 세우는 데 필수적인 도구이다. 또한 RT 중재 회기 평가표는 〈표 6-4〉에 제시된 것처럼, 한 회기가 끝난 후에 ① 실행한 중재 계획, ② 아동의 중심축 행동 프로파일 평가 점수, ③ 실행한 중재 계획의 효과를 기록한다. 이러한 작성을 통해 이전에 제시된 내용을 검토하고 새로운 전략을 사용할지 결정할 수 있다.

표 6-4 RT 중재 회기 평가표 예시

인지 영역 중재 회기 평가표								중심축 행동 평가
아동 이름: 김알티			생년월일: 2023. 10. 1.					
사회적 놀이	중재 날짜							
Level 1	1/21							3
Level 2		1/28	2/5					
Level 3				2/12	2/19			
Level 4						2/26		6
중재 효과 평가(1-5)	3	1	3	2	3	4		
주도성	중재 날짜							
Level 1	3/2	3/9						4
Level 2			3/16					
Level 3				3/23				
Level 4					3/30			7
중재 효과 평가(1-5)	2	4	3	3	4			

RT 중재 회기 평가 방법

'RT 중재 회기 평가'는 RT 중재 회기 활동에 대해 다음과 같은 5점 척도로 평가한다.

- 1점. 회기 계획의 정보가 부분적으로만 다뤄졌고, 부모는 이러한 정보를 학습하는 데 약간의 성공을 거두었다.
- 2점. 회기 계획의 정보는 완전히 다뤄졌지만, 부모는 이러한 정보의 많은 부분을 이해하는 데 어려움을 겪었다.
- 3점. 회기 계획의 정보는 완전히 다뤄졌지만, 부모는 RT 중재 전략을 실행하는 데 상당한 어려움을 겪었다.
- 4점. 회기 계획의 정보는 완전히 다뤄졌고, 부모는 RT 중재 전략을 실행하는 데 약간의 어려움을 겼었다.
- 5점. 회기 계획의 정보는 완전히 다뤄졌고, 부모는 RT 중재 전략을 실행하는 데 아무런 어려움이 없었다.

지금까지는 RT 중재 회기의 효과가 'RT 중재 회기 지침'[6]을 이용하여 '1' 또는 '2'로 평가되었다면, 동일한 회기 계획을 최소한 한 번 더 반복해야 한다. RT 중재사가 불가피하게 많은 가족과 중재를 수행함으로 인해 이전 회기에서 다루었던 내용을 정확히 기억하지 못할 수도 있다. 심지어 시간이 더 지난 다음에는 중재 내용을 기억해 내는 것은 더욱 어렵다.

2 RT 중재 수행 지침

RT 중재 회기를 성공적으로 수행하기 위해서는 다음과 같은 지침을 고려하여 RT 중재를 실시하여야 한다.[6]

1) RT 중재 환경 구성하기

RT 중재를 위해서는 아동의 발달 학습을 촉진하기 위하여 아동이 활동하기에 충분할 만한 공간적 여유가 있어야 한다. RT 중재는 두 학습자, 즉 아동과 부모를 동시에 다루고 있기 때문에 아동과 두 명 이상의 어른이 움직이기에 불편함이 없을 정도로 트인 공간이 필요하다(약 3평 이상). 가정에서 수행할 경우, 가구를 옮기거나 만일 이와 같은 충분한 공간적 여유가 없다면 중재를 효과적으로 수행하기 위하여 다른 지역사회의 기관을 사용하기를 권유한다. 중재 환경은 아동에게는 발달적으로 적합한 놀이 활동이 가능한 공간이어야 하며 바닥에 앉아서 상호작용할 수 있도록 구성한다. 부모가 회기 내내 의자에 앉아 있는다면 아동과 반응성 상호작용 전략을 사용하여 놀거나 상호작용하는 방법을 부모에게 지도하기가 어렵다. 대부분의 부모는 의자에 앉아 있을 때 아동과 함께 바닥에 옮겨 앉으라는 요청에 잘 따르지만 일부 부모는 그렇지 않다. 따라서 처음부터 부모와 바닥에 앉아 진행하는 것이 수월하며, 경우에 따라 베개, 쿠션, 카펫 등을 사용하여 부모가 편안하게 바닥에 머무를 수 있도록 조성한다.

6) 김정미 역(2021). RT 반응성 교수 교육과정. 학지사. RT 교육과정 자료 1, p. 174 참조.

RT 중재를 위한 적합한 물리적 환경

- 어른이 편안해야 한다.
- 부모와 아동 또는 중재사와 아동이 RT 중재 전략을 수행하는 동안 관찰할 수 있어야 한다.
- 부모-아동-중재사가 바닥에 앉아서 상호작용할 수 있을 만큼 충분한 공간으로 구성해야 한다.

사진 6-1 **RT 중재를 위한 물리적 공간 구성 예시**

2) 장난감과 교구 배치하기

장난감과 교구는 아동의 현재 발달 기능 수준에 상응해야 한다. RT 중재 회기 계획에서 중요한 고려 사항 중 하나는 어떤 장난감과 교구를 사용할 것인가이다. RT에서는 어떤 장난감이나 활동이든 발달적으로 적절하다면 의미 있는 발달 학습이 발생할 수 있다고 본다.

발달적 적합성은 아동이 독립적으로 그 장난감을 조작하거나 놀이 활동에 참여할 수 있는지 관찰에 의해 판단할 수 있다. 또는 아동발달 개론서나 연령에 따른 일반적인 놀이 활동의 종류를 설명하는 책(예: 발달 레인보우; Perales & Mahoney, 2019)을 참조할 수 있다. 만일 현재 생활 연령이 만 3세인데 발달 연령은 만 2세인 아동이라면, 발달 레인보우에서 설명하는 만 2세에 해당하는 놀이 활동과 장난감이 적절할 것이다. 이는 주로 사용하는 장난감과 놀이 활동은 생활 연령은 만 3세보다 많더라도 발달 연령이 만 3세인 아동은 자발적으로 참여할 수 없기 때문이다. 또한 RT 중재는 어른과 아동의 상호작용을 촉진하는 데 초점을 맞추고 있기 때문에 중재 회기에 사용하는 장난감과 놀이 활동은 혼자 하는 놀이보다 상호적인 사회적 놀이를 지지하는 것이어야 한다. 예를 들어, 많은 장난감이 사회적 놀이에 사용되지만, 자동으로 작동되는 장난감은 사회적 놀이보다 혼자 놀이로 이루어지는 경우가 많다. 사실 장난감이나 놀이 활동이 사회적 활동으로 이루어지는 것은 장난감 자체의 특징보다는 아동의 성향에 의해 결정되지만, 아동이 혼자 놀이를 선호하는 장난감은 부모와 함께하는 놀이와 사회적 상호작용을 방해하기 때문에 RT 중재 환경에서는 배제하도록 한다. 또한 장난감을 쌍으로 제시하여 상호적인 놀이가 되도록 지원한다.

장난감과 교구의 발달적 적합성

- 아동이 장난감에 흥미가 있고 어른의 도움 없이 조작할 수 있다면, 그 장난감은 발달적으로 적절하다.
- 아동이 어른의 지시나 유도 없이 스스로 할 수 있는 행동들로 이루어졌다면, 그 활동은 발달적으로 적절하다.
- 아동이 장난감을 사용하거나 활동에 참여하는 데 어른이 먼저 보여 주어야 한다면, 그 장난감과 활동은 발달적으로 적절하지 않다.

〈표 6-5〉에서는 발달 연령별로 아동의 놀이 능력에 적합한 장난감 목록을 제시하였다. 이 목록은 RT 중재사나 부모가 놀이 활동에 아동을 참여시키는 데 참고가 될 것이다.

표 6-5 **발달 연령 수준에 따른 장난감과 놀이 활동 예시**[7)]

구분	장난감	놀이 활동
전상징적 놀이		
3~18개월의 발달 연령	고리 끼우기	쌓기, 색깔 맞추기, 순서대로 배열하기, 입으로 탐색하기, 던지기, 두드리기
	장난감 핸드폰	기능적으로 물체 사용하기, 의사소통하기, 시늉하기, 입으로 탐색하기, 던지기, 두드리기
	블록 세트, 모양 맞추기, 큰 레고	입으로 탐색하기, 던지기, 두드리기, 구별하기(안/밖, 색깔, 모양)
	인형과 우유병, 머리빗, 담요	기능적으로 물체 사용하기, 의사소통하기, 시늉하기, 입으로 탐색하기, 던지기, 두드리기, 물체의 상세한 부분 알아채기
	버스와 사람, 아동이 삼킬 수 없는 작은 장난감 자동차, 공	기능적으로 물체 사용하기, 의사소통하기, 시늉하기, 입으로 탐색하기, 던지기, 두드리기, 물체의 상세한 부분 알아채기, 구별하기(안/밖, 색깔, 모형)
	실로폰(장난감 피아노), 소리 나는 장난감	기능적으로 물체 사용하기, 의사소통하기, 시늉하기, 입으로 탐색하기, 던지기, 두드리기
	두꺼운 종이나 천으로 된 그림책	의사소통하기, 물체의 상세한 부분 알아채기, 색깔, 모양
상징 놀이		
18~36개월의 발달 연령	주방 놀이 세트와 가짜 음식, 냄비	모방하기, 기능적으로 물체 사용하기, 두드리기
	자동차(트럭, 버스)와 사람	가장놀이, 사물의 기능적 사용, 의사소통하기, 두드리기, 사물의 상세한 부분 인식, 구별하기(안/밖, 색깔, 모형)
	인형과 우유병, 스푼	두 개 이상의 사물을 결합하기, 역할놀이, 가장놀이, 의사소통
	전화기(휴대폰)	의사소통
	다양한 종류의 레고블록 세트	쌓기, 집 짓기, 가장놀이
	팝업장난감	인과 관계, 대상영속성 개념
	몇 개 글자가 있는 하드커버 또는 천으로 된 그림책	의사소통, 어휘, 사물의 상세한 부분 인식, 색깔, 모형
	모양 맞추기	구별하기(안/밖, 색깔, 모형)

7) 놀이중심 상호작용관찰평가도구: K-MBRS&K-CBRS부모-아동 상호작용 평가도구. 학지사 와이즈박스.

전조작적 놀이		
36~60개월의 발달 연령	트럭, 자동차 그리고 기차 조각 (몇몇은 작음)	가장놀이, 역할놀이, 공구놀이, 식별(크기, 색깔, 방향), 사회화 및 의사소통
	음식과 주방용기가 있는 부엌놀이 세트	가장놀이, 역할놀이, 사회화 및 의사소통
	사람과 자동차가 있는 레고블록 세트	복잡한 공구놀이, 가장놀이, 의사소통
	유치원 수준의 글자와 그림이 있는 그림책	동화구연, 단어인식, 기억
	여러 종류의 인형	가장놀이, 역할놀이, 사회화와 의사소통
	나무 퍼즐	식별, 문제해결

사진 6-2 RT 중재를 위한 장난감 도구 구성 및 배치 예시

3) 영상 녹화하기

중재사는 회기 동안 부모와 아동 간의 상호작용 장면을 영상 녹화한다. 이러한 영상 녹화 자료는 부모와 RT 전략을 수행하는 방식을 함께 살펴보고, 부모가 자신에 대한 통찰의 기회를 제공한다. RT 중재에서는 영상 피드백 회기를 통해 부모가 아동과 어떻게 상호작용하는 것이 더 좋은지에 대한 실제적인 자료를 검토하고 코칭한다. 영상 녹화를 위한 카메라는 부모와 아동의 상호작용 장면을 볼 수 있는 최선의 위치에 배치하며, 카메라는 고정된 위치에서 녹화하도록 한다.

자연적 환경에서 아동의 상호작용 기회를 증가시키기 위한 방법

- 일과 중에서 RT 전략의 의도적 사용 늘리기
- RT 전략이 효과적이었던 활동이나 일상 사건 찾기
- 이전에 배운 RT와 새로운 전략을 조합해서 사용하기
- 가족행동계획(FAP) 부모용을 붙여 놓고 자연적 환경에서 발생하는 활동에서 RT 전략 기억하기

사진 6-3 **RT 중재 장면을 영상 녹화하기 예시**

4) 구체적인 경험으로 설명하기

부모는 RT 중재사의 설명보다는 자신의 직접적인 경험을 통하여 RT 중재 전략을 사용하는 방법을 더 잘 배운다. 따라서 RT 중재사는 부모에게 예시를 보여 주며 RT 전략을 사용하도록 하는 것이 효과적이다. 또한 RT 중재 회기에서는 FAP 활동을 통해 일상에서 실제 적용해 본 사례를 구체적으로 다룬다. 이때 주지할 사항은 ① 아동이 일대일 상호작용을 얼마나 오래 지속할 수 있는지, ② 부모가 RT 중재사의 예시를 보고 전략의 효과를 인식하는지, ③ 부모가 아동과 얼마나 상호작용할 수 있는지를 파악해야 하는 것이다.

RT 중재는 부모와 아동이 함께 진행하는 것이 원칙이다. 그러나 경우에 따라 아동 없

이 부모만으로 구성된 집단을 대상으로 RT 중재 프로그램을 적용할 경우에는 조금 다른 방법을 이용해야 한다. 예를 들면, ① RT 중재 전략을 사용하는 다른 사례 자료, ② RT 중재사 또는 부모와 아동 간의 상호작용 실제 예시, ③ 참여자들끼리 RT 중재 전략을 역할극으로 경험해 보는 것이 포함된다.

5) 부모 참여 격려하기

RT 중재 회기는 전문가에 의한 일방적인 전달이 아니라 RT 중재사와 부모 간에 상호 주고받는 균형 있는 대화로 진행되어야 한다. RT는 일상 중 자연스러운 상황에서 부모(또는 교사)가 자주 반복적으로 RT 전략을 적용하도록 격려한다. 그러나 RT 프로그램이 매우 구조적이고 구체적인 교육과정 자료로 구성되었다는 것은 장점인 반면, 한편으로는 전문가가 부모를 가르치는 자료로 사용하는 오류를 가지기도 한다. RT 중재사는 부모가 자신의 의견이나 느낌을 표현하도록 격려하는 질문을 함으로써 회기 중에 부모가 능동적으로 참여할 수 있도록 지원해야 한다.

부모의 능동적 참여를 촉진하는 질문

- 이 개념이나 전략에 대해 어떻게 생각하나요?
- 이것이 아동에 대해 생각하고 함께 수행하던 방식과 비교하면 어떻습니까?
- 지금 설명하는 내용들이 이해가 됩니까?
- 이 전략을 일상에서 사용할 수 있겠습니까?
- 배우자, 친척, 이웃들은 이러한 개념이나 전략에 대해 어떻게 생각하나요?

RT는 부모가 일상 중 적극적으로 아동과의 놀이 활동에 참여하는 것이 중요하다. 따라서 RT 중재의 가족행동계획(FAP) 과정에서는 회기 동안 제시된 논의점과 RT 전략을 요약하여 제시하고 일상 중 어떻게 통합하고 이행할 것인지 부모에게 질문해야 한다. 만일 부모가 원하는 것을 확인할 수 없는 경우, 중재자는 부모에게 적합한 대체 활동을 제안할 수 있다.

성공적인 가족행동계획(FAP) 활동을 위한 요소

- FAP 활동은 부모의 강점을 기반으로 해야 한다.
  - 회기 동안 부모가 성공적으로 수행한 하나의 RT 전략에 집중해야 한다.
- FAP 활동은 부모가 일상생활에 쉽게 적용할 수 있도록 복잡하지 않고 단순해야 한다.
  - 만일 이전 회기 FAP 활동이 실용적이지 않다면, 더 실현 가능하도록 활동으로 수정하거나 삭제해야 한다.
- 한 중재 회기에서 다음 중재 회기까지 FAP 활동의 지속성이 있어야 한다.
  - FAP는 현재 회기에서 소개된 RT 전략을 실행하면서 부모가 이전 회기에서 중점을 둔 전략이 계속해서 사용될 수 있도록 상기시켜야 한다.

6) 일상에서 적용하기

RT 전략이 습관화되고 능숙해지기 위해서는 일상 중 자연스러운 상황에서 간단하고 비구조화된 놀이 활동 중에 RT 전략을 자주 사용해 보아야 한다. 비구조화된 놀이 활동에서는 아동은 하고 싶어 하는 것을 선택할 기회를 가지게 되고, 부모는 이러한 활동 안에서 아동을 지원해 주는 역할을 수행하게 된다. 비구조화된 놀이 에피소드는 한 번에 5분을 넘지 않는다. 이 정도의 에피소드 시간은 부모가 전략을 실행해 보기에 충분하고, 어린 아동이 지속해서 일대일 놀이에 상호적으로 참여할 수 있는 시간이다.

아동은 5분 동안에 다른 장난감이나 활동으로 옮겨 가기 위해 여러 번 부모에게서 벗어나려고 할 수 있지만, 부모는 아동과 함께 상호적으로 활동에 참여하려는 노력을 계속해야 한다. 만일 아동이 5분 이상 상호작용하고 싶어 한다면 놀이 실행 시간을 늘리는 것은 아무런 문제가 되지 않는다. 하지만 상호작용도 별로 없이 시간만 오래 유지하는 것보다는 짧은 시간 동안이라도 상호적 상호작용을 반복해서 실행하는 것이 중요하다.

3 FAP 활동

FAP에 나열된 활동은 부모가 해야 할 일의 양을 늘리는 것이 되어서는 안 된다. 이는 부모가 아이들과 어떻게 상호작용하는지를 인식할 수 있도록 돕고 일상적인 활동 동안 RIS 사용을 인식하도록 하여야 한다. 처음에 대부분의 부모는 RIS를 사용하는 것이 어색하고 어렵다고 느낄 것이고, RIS 적용을 위해 추가적인 노력이 필요할 수도 있다. 그러나 RIS를 사용하기 위해 지속적으로 노력하는 부모는 결국 자녀와 원활히 상호작용함으로써 더 많은 즐거움을 경험한다.

FAP에 나열된 활동은 현재 중재 회기에서 제시된 내용과 직접적으로 관련이 있어야 하며 부모가 변화하려는 요구와도 관련되어야 한다. RT를 막 시작하는 부모에게 가장 중요한 변화는 RIS를 사용하여 자녀와 더 잘 반응적으로 상호작용하는 방법을 배우고, 자연 환경에서 발생하는 일상적인 활동에서 자녀와 반응적인 상호작용 기회를 강화하는 데 중점을 두어야 한다.

- 1단계: 부모의 반응성을 향상시키는 FAP 활동
  - RT 전략에 초점을 둔 실행 제공하기
  - 아동과 상호작용하는 부모 동영상 자료 시청하기
  - 긍정적 경험을 기록하고 공유하기
  - 수행하기 쉬운 하나 이상의 RIS를 지속해서 수행해보기
  - 다양한 상황에서 아동의 중심축 행동 관찰하기
  - 대립되는 전략으로 실험해보기
  - 다른 부모들과 RT에 관하여 이야기하기
  - 다른 부모에게 RIS 가르쳐 주기

- 2단계: 일상생활에서 아동의 반응성 상호작용을 증가시키는 FAP 활동
  - 목표로 하는 RIS를 일상적인 일과 중에서 의도적으로 사용 늘리기
  - RIS가 도움이 되었던 활동이나 일상사건 찾기
  - 새로운 RIS와 이전에 배운 RIS를 결합하여 사용하기
  - 다양한 상황에서 RT 전략 적용을 위해 메모지 붙여 놓기

권장하는 중재 회기 절차

다음은 개별 부모-아동 RT 중재 회기를 수행하는 형식에 대한 설명이다. RT 중재 회기는 중재사가 바닥에서 아동과 상호작용하며 부모가 함께 참여하도록 초대하는 방식으로 시작한다. 이때 중재사는 주의산만을 최소화하기 위한 각별한 노력을 기울여야 한다. 가정에서 중재 회기가 수행될 때는 부모에게 전화벨을 줄이거나 TV, 음향기기를 끄도록 요청할 수 있으며, 중재에 직접적으로 관여하지 않는 다른 어른은 다른 장소로 이동하도록 요청한다. 이 중재 회기는 다음과 같이 6단계로 구성한다.

(1) 중재 회기 계획 수립
(2) 라포 형성과 고찰
(3) 목적 및 이론적 근거 설명
(4) RIS(반응성 상호작용 전략) 시연
(5) 부모 실행 및 코칭
(6) 가족 행동 계획

RT 중재 회기 지침

이름 ______________ 날짜 ______________ 중재자 ______________

단계와 활동	모르겠다	아니오 (a)	가끔 (b)	예 (c)
A. 계획				
1. 환경이 미리 정돈되어 있다. • 장난감과 도구들은 아동의 발달 수준에 적합한 것들이다. • 아동이 하고 싶은 것을 선택하기에 충분한 장난감들이 준비되어 있다. • 장난감들은 일상적인 주제와 관련된 행동을 추구하는 것들이다.				
2. 부모 지침 자료와 동영상 녹화 장비가 있다.				
3. 이전 회기에 대한 정보를 재검토하였다.				
B. 라포 형성과 고찰				
4. 부모와 아동을 활기 있게 맞이한다.				
5. 부모가 이전 회기에 대한 정보를 잘 이야기하도록 이끈다.				
6. 부모에게 집중한다.				
7. 부모의 참여 또는 부모의 역할에 대해 보충 설명을 한다.				

C. 중재 목적과 이론적 설명				
8. 오늘 회기의 목적과 중점 사항을 기술한다.				
9. 제시할 RT 전략의 이론적 배경을 설명한다.				
10. 아동이 현재 사용하는 중심축 행동 목표를 평가하거나 기술한다.				
11. 부모가 이해할 수 있는 방식으로 말한다.				
12. 정보에 대한 부모의 이해 정도를 평가한다.				
13. 부모의 의견, 질문 및 관심을 이야기하도록 권한다.				
D. RT 전략의 예시와 실행				
14. 회기 중 아동과 반응적이고 균형 있는 상호작용을 한다.				
15. 이번 회기 중심 RT 전략의 시범을 보인다.				
16. 시범을 보이면서 또는 시범을 보인 후에 RT 전략에 대해 설명한다.				
17. 아동의 행동에 대해 RT 전략이 미치는 영향을 예를 들어 설명한다.				
18. 부모가 아동과 함께 상호작용에 참여하도록 한다.				
19. 부모가 아동과 함께 상호작용하는 동안에 관찰하여 기록한다.				
20. 부모가 전략을 사용하는 것에 관하여 피드백을 준다.				
E. FAP				
21. 부모와 함께 활동을 이행하기 위한 계획안을 작성한다.				
22. 활동을 이행하는 데 방해가 되거나 장해가 되는 것을 해결하기 위한 계획을 세운다.				
23. RT와 직접적으로 관련되어 있지는 않지만 부모가 갖는 염려 사항에 대해 이야기한다.				
24. 회기 중에 다루었던 논의점, RT 전략, 그리고 계획안에 대해 요약한다.				
합계 점수			합계×2	합계×3
기준 점수(b+c)	60			

출처: 김정미 역(2021). RT 반응성 교수 교육과정. pp. 146-153 참조.

4 중심축 행동 목표 실행

본 역자의 한국 검증 연구 결과에 의하면, 반응성 상호작용이 부모나 교사가 선정한 발달 기술이나 개념을 가르치지는 않더라도 다른 중요한 발달 행동을 가르치는 데 매우 효과적이었다. 이를 RT에서는 중심축 행동 목표로서 아동의 학습 발달을 촉진하는 기초 학습과정임을 설명하고 있다. 부모나 교사가 아동과 반응적으로 상호작용할수록 아동의 중심축 행동은 더 증가한다. RT 중재는 아동이 점차 이러한 중심축 행동을 사용하는 습관을 학습과정 중에 발전시킴으로써 아동발달과 사회정서적 안정을 극대화하는데 있다.

한국에서는 그간 약 20여 년간 마호니(G. Mahoney)가 제안한 중심축 행동을 목표로 임상에서 RT 중재를 적용하면서 부모가 RT 전략을 적용할 때 아동은 다음과 같은 절차로 중심축 행동을 발달시키고, 궁극적으로 학습 성취에 도달하는 것을 발견하였다(김정미, 2018). [그림 6-1]은 중심축 행동 성취를 3개 단계로 요약한 것이다.

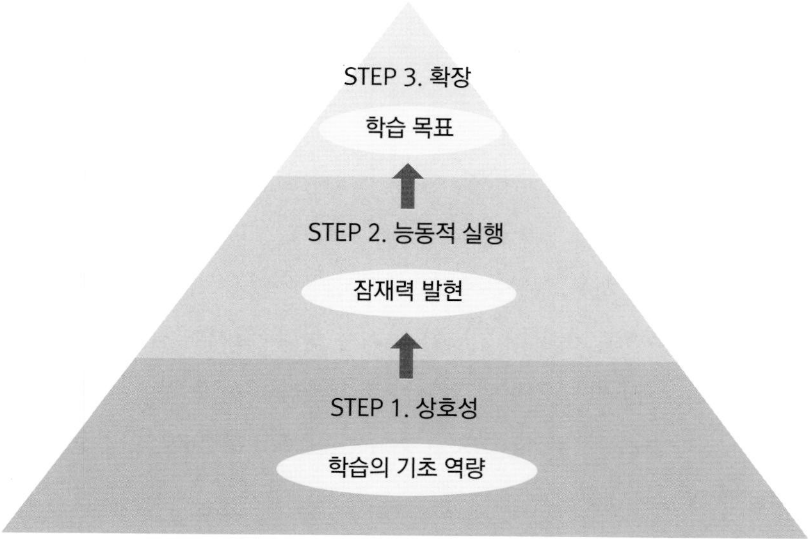

그림 6-1 중심축 행동 및 학습 목표 성취 단계

1) Step 1. 상호성

아동은 상대 어른과 함께하는 상호작용 상황에서 더 잘 배운다(김정미, 2018). 아동은 상호작용 속에서 자신의 정서를 조절하고, 상대와 조화를 이루어 나가며 상대의 신호나 요구 또는 행동에 반응한다. 또한 아동은 자신의 욕구나 목표를 만족시키기 위해서 상대로부터 원하는 것을 얻어 낼 수 있는 방법과 자신이 어떤 방식으로 행동할 때 어떻게 반응할 것인지에 대해 간파하여 능동적으로 상대의 반응성을 이끌어 내는 적절한 행동을 배우기 때문이다. 만일 아동이 다른 사람과의 사회적 관계가 형성되지 않았다면 새로운 정보나 활동은 무의미한 일이다. 아동은 다른 사람과의 관계를 통해 다음 단계의 사고와 추론에 필요한 개념과 능력을 쉽게 만들어 내거나 발견할 수 있게 된다. 따라서 사회적 놀이는 인지 성장을 위한 중요한 역할이며 아동의 기초 역량을 키워 준다. 상호성 단계에서는 다음과 같은 중심축 행동 목표를 이루는 것을 목표로 한다.

발달 영역	중심축 행동 목표
인지	사회적 놀이
의사소통	공동활동, 공동주의
사회정서	신뢰

2) Step 2. 능동적 실행

아동의 인지발달에 미치는 영향은 부모나 교사가 무엇을 가르쳤는가보다 얼마나 많이 아동에게 반응해 주었는가와 더 밀접한 관계가 있다. 다시 말하면, 아동이 어떤 것을 배우는가의 문제는 특정 학습 경험이 있는가의 여부가 아니라 얼마나 능동적으로 참여했는가에 달려 있다. 아동은 관심을 가지고 능동적으로 참여하며 자신의 경험을 통하여 이해하고자 노력할 때 더 많은 것을 배운다.

구성주의 관점에서는 아동이 가지고 있는 선천적 능력 수준에서 사물, 도구 그리고 사람과의 능동적인 상호관계 활동을 통해서 발생할 수 있다고 주장한다. 아동은 스스로 주도하는 활동에 참여하는 동안 친숙한 주의 상황에서 반복적으로 조작하고 탐색하고 실행하면서 자신의 세계에 대한 통찰과 이해를 얻게 되는데, 이러한 중심축 행동 발달은 영유아가 현재 가지고 있는 기술과 능력을 더욱 풍부하게 사용하도록 도와준다. 능동적 실행 단계에서는 다음과 같은 중심축 행동 목표를 이루는 것을 목표로 한다.

발달 영역	중심축 행동 목표
인지	주도성, 탐색, 실행
의사소통	공동주의, 언어화, 의도적 의사소통
사회정서	감정이입, 협력, 자신감

3) Step 3. 확장

아동은 혼자서 놀거나 또는 다른 아동들과 놀면서 배우는 것보다 어른과 함께 놀이하는 동안 아동의 주도성, 탐색, 실행, 그리고 문제해결 능력을 최대한 발휘하게 할 기회를 가지며, 더욱더 자신의 놀이 영역을 확장시키고 복잡하게 구성하게 된다. 따라서 **아동이 자신의 능력을 확장하여 발휘하기 위한 선행 능력으로서 상호작용 능력은 매우 중요한 근본 요소라 할 수 있다.** 또한 이러한 중심축 행동의 발달로 아동은 자신의 세계에서 환경과 복합적인 상호작용 과정에서 자신의 행동에 한계를 느끼게 될 때보다 효과적인 사고와 추론을 만들어 낼 수 있도록 동기부여를 받으며, 다음 단계로 확장해 갈 수 있다(Mahoney, Robinson, & Powell, 1992; Spiker, Boyce, & Boyce, 2002). 이는 아동이 어린 연령이거나 또는 발달 지연으로 연령에 적합한 행동을 하지 못하는 경우에도 동일한 발달적 의미를 가진다. 확장 단계에서는 다음과 같은 중심축 행동 목표를 이루는 것을 목표로 한다.

발달 영역	중심축 행동 목표
인지	문제해결
의사소통	대화
사회정서	자기조절, 자신감

그리고 각 단계의 중심축 행동 성취는 주기적인 '중심축 행동 프로파일'을 통해 확인하고 각 단계의 수행을 결정한다.

표 6-6 주기적 중심축 행동 프로파일 기록* 예시

단계	상호성				능동적 실행						확장					
발달 영역	인지	의사소통		사회정서	인지		의사소통		사회정서		인지		의사소통		사회정서	
중심축 행동	사회적 놀이	공동활동	공동주의(개인적)	신뢰	주도성	탐색	언어화	공동주의(상호적)	감정이입	자신감	문제해결	실행	의도적 의사소통	대화	협력	자기조절
초기	4	4	3	6	3	5	5	3	5	6	5	4	5	5	2	1
4주	5	4	5	7	5	6	6	5	6	7	5	5	6	5	2	3
8주	5	5	5	7	6	6	7	5	6	8	6	6	7	6	3	4
12주	6	6	6	7	6	6	7	6	6	8	6	7	7	6	4	4

※ '중심축 행동 프로파일' 기록 준거에 따라 각 항목별 1~10점으로 평가한다.

요약

이 장에서는 RT 중재를 실제로 실행하는 활동에 대해 구체적인 설명을 제공하였다. 아동의 발달적 요구에 맞춰 개별화된 RT 중재 회기 계획 및 수행 시 지침에 대한 세부 사항을 제시하였다. 중재 활동에 대한 절차는 부모와 아동의 다양한 집단과 함께 이러한 중재를 실행하고 평가하는 우리의 경험에서 발전하였다. 일반적으로 아동의 발달적 요구를 해결하고 발달 기능을 향상시키는 RT의 효과는 중재사가 RT 중재 실행 지침을 준수하고 일상에서 적용을 일반화하는 정도와 매우 관련이 있었다.

참고문헌

김정미 역(2010). K-CDI 아동발달검사. 인싸이트.

김정미 역(2021). K-TABS 한국판 영유아 기질 및 비전형 행동척도: 개정판. 인싸이트.

김정미(2004). 어머니의 반응적 상호작용 특성이 발달장애 아동의 포괄적 발달행동에 미치는 긍정적 효과. 한국심리학회지: 발달, 17(3), 25-41.

김정미(2009). 영유아의 모-아 상호작용과 중심축 발달행동과의 관계분석. 유아특수교육연구, 9(4), 143-162.

김정미(2018). CIBT 아동상호작용검사. 인싸이트.

김정미(2018). IBS 부모아동상호작용검사. 인싸이트.

김정미(2018). PCT 부모양육특성검사. 인싸인트.

김정미(2023). K-CDI 영아발달검사. 인싸이트(출판중).

김정미, 제럴드 마호니(2021). K-MBRS & K-CBRS 부모-아동 상호작용 행동 평가. 개정판. 학지사.

정경미, 이경숙, 박진아 공역(2020). 한국판 부모양육 스트레스 검사 K-PSI-4-SF 전문가 지침서. 인싸이트.

Abbeduto, L., Seltzer, M. M., Shattuck, P., et al. (2004). Psychological well-being and coping in mothers of youths with autism, Down syndrome or Fragile X syndrome. *American Journal on Mental Retardation, 109,* 237-254.

Abidin, R. R. (1992). *Parenting stress index 4th short form.* Pediatric Psychology Press.

Ainsworth, M. D., & Bell, S. M. (1974). Mother-infant interaction and the development of competence. In K. Connolly &. J. Bruner (Eds.), *The growth of competence* (pp. 97-118). Academic Press.

Alquraini, T., & Mahoney, G. (2015). The role of parenting stress in relationship focused intervention: Comparison of parents of children with pervasive developmental disorders to parents of children with other disabilities. *Journal of Applied Research in Intellectual Disabilities. 28,* 536-547. doi: 10.1111/jar.12148. PubMed PMID: 25727239

Alquraini, T., Al-Adaib, A., Al_Dhalaan, H., Merza, H., & Mahoney, G. (2018). Feasibility of Responsive Teaching with mothers and young children with autism in Saudi Arabia. *Journal of Early Intervention*, *40*(4), 304-316.

Alquraini, T, Al-Adaib, A., Al-Dhalaan, H., Merza, H., & Mahoney, G. (2019). Relationship-based intervention with young children with autism in Saudi Arabia: Impediments and consequences of parenting stress and depression, *International Journal of Disability Development and Education*, *66*(3), 233-248.

Atkinson, J. W. (1964). *An introduction to motivation*. Von Nostrand.

Baird, S., & Peterson, J. E. (1997). Seeking a comfortable fit between family-centered philosophy and infant parent interaction in early intervention: Time for a paradigm shift? *Topics in Early Childhood Special Education, 17*(2), 139-164.

Bates, E., Benigni, L., Bretherton, I., Camaioni, L., & Volterra, V. (1979). *The emergence of symbols: Cognition and communication in infancy*. Academic Press.

Bornstein, M. H., Tamis-LeMonda, C. S., & Haynes, 0. M. (1999). First words in the second year: Continuity, stability, and models of concurrent and predictive correspondence in vocabulary and verbal responsiveness across age and context. *Infant Behavior and Development, 22*(1), 65-85.

Bowlby, J. (1969). *Attachment and loss*. Basic Books.

Bruner, J. (1974). From communication to language: A psychological perspective. *Cognition, 3*, 255-277.

Bruner, J. (1983). *Child talk*. Norton.

Camarata, S. M., Nelson, K. E., 8{. Camarata, M. N. (1994). Comparison of conversational-recasting and imitative procedures for training grammatical structures in children with specific language impairment. *Journal* of *Speech and Hearing Research, 37*, 1414-1423.

Carpenter, M., Nagell, K., & Tomasello, M. (1998). Social cognition, joint attention, and communicative competence from 9 to 15 months of age. *Monographs of the Society for Research in Child Development, 63*, 1-166.

Dale, P. (1976). *Language development: Structure and function*. Holt, Rinehart & Winston.

De Wolff, M. S., & van Ijzendoorn, M. H. (1997). Sensitivity and attachment: A meta-analysis of parental antecedents of infant attachment. *Child Development, 68*(4), 571-591.

Division for Early Childhood. (2014). *DEC recommended practices in early intervention/ early childhood special education 2014.* Retrieved from: http://www.dec-sped.org/ dec-recommended-practices

Eccles, J. S., Wigfield, A., & Schiefele, U. (1998). Motivation. In W. Damon (Series Ed.) & N. Eisenberg (Vol. Ed.), *Handbook of child psychology: Vol. 4. Social and personality development.* Wiley.

Girolametto, L., Pearce, P. S., & Weitzman, E. (1996). Interactive focused stimulation for toddlers with expressive vocabulary delays. *Journal of Speech and Hearing Research, 39*(6), 1274-1283.

Greenspan, S. I., & Weider, S. (1998). *The child with special needs.* Addison-Wesley.

Ireton, H. (1992). *Child development inventory, manual.* Behavior Science Systems.

Karaaslan, O., Diken, I., & Mahoney, G. (2013). A randomized control study of Responsive Teaching with young Turkish Children and their mothers. *Topics in Early Childhood Special Education, 33,* 18-27.

Karaaslan, O., & Mahoney, G. (2013). Effectiveness of Responsive Teaching with children with Down syndrome. *Intellectual and Developmental Disabilities, 51*, 458-469. PubMed PMID: 24447017

Karaaslan, O., & Mahoney, G. (2015). Mediational analyses of the effects of Responsive Teaching on the developmental functioning of preschool children with disabilities. *Journal of Early Intervention, 37,* 286-299.

Kaye, K., & Charney, R. (1980). How mothers maintain dialogue with two year olds. In D. Olson (Ed.), *The social foundations of language and thought: Essays in honor of Jerome S. Bruner* (pp. 144-162). Norton.

Kochanska, G. (1997). Mutually responsive orientation between mothers and their young children: Implications for early socialization. *Child Development, 68,* 94-112.

Kochanska, G. (1998). Mother-child relationship, child fearfulness, and emerging attachment: A short-term longitudinal study. *Developmental Psychology, 34,* 480-490.

Kochanska, G., Forman, D. R., & Coy, K. C. (1999). Implications of the mother-child relationship in infancy for socialization in the second year of life. *Infant Behavior and Development, 22*(2), 249-265.

Landry, S. H., 8{: Chapieski, M. L. (1989). Joint attention and infant toy exploration: Effects of Down syndrome and prematurity. *Child Development, 60*(1), 103-118.

Lay, K. L., Waters, E., & Park, K. A. (1989). Maternal responsiveness and child compliance: The role-of mood as a mediator. *Child Development, 60,* 1405-1411.

Mahoney, G. J. (1988a). Maternal communication style with mentally retarded children.

American Journal of Mental Retardation, *93*, 352–359.

Mahoney, G. J. (1988b). Communication patterns between mothers and developmentally delayed infants. *First Language, 8*, 157–172.

Mahoney, G., Boyce, G., Fewell, R., Spiker, D., & Wheeden, C. A. (1998). The relationship of parent-child interaction to the effectiveness of early intervention services for at-risk children and children with disabilities. *Topics* in *Early Childhood Special Education, 18*(1), 5–17.

Mahoney, G. J., Fors, S. & Wood, S. (1990). Maternal directive behavior revisited. *American Journal of Mental Retardation, 94*, 398–406.

Mahoney, G. J., Finger, I. & Powell, A. (1985). The relationship between maternal behavioral style to the developmental status of mentally retarded infants. *American Journal of Mental Deficiency, 90*, 296–302.

Mahoney, G., & MacDonald, J. (2007) *Autism and Developmental Delays in Young Children: The Responsive Teaching Curriculum for Parents and Professionals*. PRO-ED.

Mahoney, G., Nam, S., & Perales, F. (2014). Pilot study of the effects of Responsive Teaching on young adopted children and their parents: A comparison of two levels of treatment intensity. *Today Children Tomorrow Parents, 37–38,* 67–84.

Mahoney, G., & Neville-Smith, A. (1996). The effects of directive communications on children's interactive engagement: Implications for language intervention. *Topics in Early Childhood Special Education, 16*(2), 236–250.

Mahoney, G., & Perales, F. (2003). Using relationship-focused intervention to enhance the social-emotional functioning of young children with autism spectrum disorders. *Topics in Early Childhood Special Education, 23*(2), 77–89.

Mahoney, G., & Perales, F. (2005). A comparison of the impact of relationship-focused intervention on young children with Pervasive Developmental Disorders and other disabilities. *Journal of Developmental and Behavioral Pediatrics, 26*(2), 77–85.

Mahoney, G., & Powell, A. (1988). Modifying parent-child interaction: Enhancing the development of handicapped children. *Journal of Special Education. 22,* 82–96.

Mahoney, G., Robinson, C., & Powell, A. (1992). Focusing on parent-child interaction: The bridge to developmentally appropriate practices. *Topics in Early Childhood Special Education*, *12*, 105–120.

Mahoney, G., & Solomon, R. (2016). Mechanism of developmental change in the PLAY home consultation Project: Evidence from a Randomized Control Trial. *Journal of Autism and Developmental Disorders, 46,* 1860–1871. DOI 10.1007/s10803-016-2720-x

Mahoney, G., Wheeden, C. A., & Perales, F. (2004). Relationship of preschool special education outcomes to instructional practices and parent-child interaction. *Research in*

Developmental Disabilities, 25(6), 493-595.

Mahoney, G., Wiggers, B., Nam, S. & Perales, F. (2014). How depressive symptomatology of mothers of children with pervasive developmental disorders relates to their participation in relationship focused intervention. *International Journal of Early Childhood Special Education, 6, 204-221.*

Mahoney, G., Wiggers, B., Nam, S., Kralovic, S., & Perales, F. (2014). How depressive symptomatology of mothers of children with pervasive developmental disorders relates to their participation in relationship focused intervention, *International Journal of Early Childhood Special Education*, *6*(2), 204-221.

Mangelsdorf, S. C., McHale, J. L., Diener, M., Heim Goldstein, L., & Lehn, L. (2000). Infant attachment: Contributions of infant temperament and maternal characteristics. *Infant Behavior and Development, 23,* 175-196.

McCollum, J. A., & Hemmeter, M. L. (1997). Parent-child interaction intervention when children have disabilities. In M. J. Guralnick (Ed.), *The effectiveness* of *early intervention* (pp. 549-576). Brookes.

McWilliam, R. A. (2010). *Routines-based early intervention: Supporting young children and their families*. Paul H. Brooks.

Miserandino, M. (1996). Children who do well in school: Individual differences in perceived competence and autonomy in above-average children. *Journal of Educational Psychology, 88,* 203-214.

Morales, M., Mundy, P., Delgado, C. E. F., Yale, M., Messinger, D., Neal, R., & Schwartz, H. (2000). Responding to joint attention across the 6- through 24-month age period and early language acquisition. *Journal of Applied Developmental Psychology, 21*(3), 283-298.

Mundy, P., Sigman, M., & Kasari, C. (1990). A longitudinal-study of joint attention and language-development in autistic children. Journal of *Autism and Developmental Disorders, 20*(1), 115-128.

Neisworth, J. T., Bagnato, S. J., Salvia, J., & Hunt, F. M. (1999). *TABS manual for temperament and atypical behavior scale: Early childhood indicators of developmental dysfunction*. Paul H. Brookes Pub. Co.

Nelson, K. (1973). Structure and strategy in learning to talk. *Monographs* of *the Society for Research in Child Development, 8.*

Perales, F. P., & Mahoney, G. J. (1996). *Developmental Rainbow: Early Childhood Developmental Profile.*

Phillips, D. A. (1984). The illusion of incompetence among academically competent children. *Child Development, 55,* 2000-2016.

Phillips, D. A. (1987). Socialization of perceived academic competence among highly competent children. *Child Development, 58,* 1308-1320.

Phillips, D. A., & Zimmerman, M. (1990). The development course of perceived competence and incompetence among competent children. In R. J. Sternberg & J. Kolligian (Eds.), *Competence considered.* Yale University Press.

Piaget, J. (1963). The *psychology* of *intelligence.* Littlefield, Adams.

Solomon, R., Van Egeren L, Mahoney, G., Quon-Huber, M., & Zimmerman, P. (2014). PLAY Project Home Consultation Intervention Program for Young Children with Autism Spectrum Disorders: A Randomized Controlled Trial. *Journal of Developmental and Behavioral Pediatrics, 35*(8), 475-485.

Spiker, D., Boyce, G. C., & Boyce, L. K. (2002). Parent-child interactions when young children have disabilities. *International Review of Research in Mental Retardation, 25,* 35-70.

Sussman, F. (1999). *More Than Words: Helping parents promote communication and social skills in children with autism spectrum disorder.* The Hanen Centre.

Tamis-LeMonda, C. S., Bornstein, M. H., & Baumwell, L. (2001). Maternal responsiveness and children's achievement of language milestones. *Child Development, 72*(3), 748-767.

Thomas, A., Chess, S., & Birch, H. G. (1968). *Temperament and behavior disorders in children.* University Press.

van den Boom, D. (1995). Do first-year intervention effects endure? Follow-up during toddlerhood of a sample of Dutch irritable infants. *Child Development, 66,* 1798-1816.

Vygotsky, L. (1978). *Mind in society.* Harvard University Press.

Weiner, B. (1980). *Human motivation.* Holt, Rinehart & Winston.

찾아보기

인명

Piaget, J. 18

Vygotsky, L. 18

내용

4단계 회기 계획안 201

A

ASD 112

C

CIBT 46

D

DEC 30

F

FAP 41

I

IBS 46

IEP 28

IFSP 28, 197

K

K-CBRS 46

K-CDI 46

K-MBRS 46

K-PSI-4-SF 46

K-TABS 46

P

PCT 46

R

RIS 22, 23, 24, 27, 28, 30, 39, 61, 70, 79, 88, 96, 109, 117, 124, 130, 132, 133, 143, 156, 165, 174, 184, 192
RT 20, 29
RT 목적 평가 46
RT 중재 205, 215
RT 중재 21
RT 중재 계획과 진행 기록표 197
RT 중재 목적 36
RT 중재 목표 37
RT 중재 수행 지침 204
RT 중재 전략 209
RT 중재 환경 204
RT 중재 활동 38
RT 중재 회기 계획안 197
RT 중재 회기 평가표 197
RT 중재사 209, 210
RT 프로그램 구성요소 35
RT 회기 계획 35

T

TTRIP 20, 29

ㄱ

가족 중심 접근 19
가족 협력 30
가족행동계획(FAP) 35, 38, 41, 209, 211
감정이입 20, 30, 37, 158
개별적인 발달 기술 29
개별적인 발달 행동 20
개별화 가족 서비스 계획안 197
개별화 가족 지원 계획 28
개별화 교육 계획 28
거울처럼 그대로 반영해 주고 평행 놀이를 하면서 함께 활동하기 56
공동주의 20, 30, 37, 111, 112, 113, 114, 115, 116, 117
공동활동 20, 30, 37, 102, 104, 105, 106, 107, 108, 109
과소 반응적 164
관계 기반 중재 20, 31
교류 중재 프로그램 29
구성주의 학습관점 18
균형 24
기질 179
까다로운 기질 179, 183

ㄴ

낮은 지시성 25
논의점 35, 38
놀이 상대자로서 행동하기 56
뇌성마비 20
능동적 실행 215, 216, 218
능동적 참여 210
능동적 학습 18, 40
능동적 학습과정 20

ㄷ

다운증후군 20, 56
대화 20, 30, 37, 135

ㅁ

문제해결 20, 30, 37, 90, 91, 92, 93, 94, 95

ㅂ

반응성 29

반응성 상호작용 17, 24
반응성 상호작용 전략 22, 23, 24, 35, 38, 39
발견 학습 73
발달 26
발달적 적합성 205, 206
발달적 조화 39
부모 매개 중재 프로그램 19
비계 18
비지시성 25, 35, 39
빈도 25

ㅅ

사회적 놀이 20, 30, 37, 38, 54, 56, 58, 59, 61, 198, 206
사회적 상호작용 103, 112
사회적 참여 29
사회정서 35, 37, 147
상징 놀이 207
상호성 35, 39, 215, 216, 218
수반성 25, 35, 39
수용 26
신뢰 148
신뢰 20, 30, 37
실행 20, 30, 37, 81, 82, 83, 84, 85, 86, 87
심한 짜증 183

ㅇ

아동의 세계로 들어가기 56
아동의 주도에 따르기 28
아동이 할 수 있는 방식대로 행동하기 28
애정 25, 35, 39
언어화 20, 30, 37, 119, 120, 121, 122, 123, 124
영유아발달 3D 진단 46
온정성 26
의도 25
의도적 의사소통 20, 30, 37, 126
의사소통 35, 37, 101
의사소통 발달 지연 20
인식 25
인지 35, 37, 53, 200
일과 기반 중재 19
일상 중 공동활동 24

ㅈ

자기조절 20, 30, 37, 176
자신감 20, 30, 37, 186
자아개념 190
자연적 환경 209
자연적 환경 중재 19
자폐스펙트럼장애 20, 56, 112
작은 행동에도 즉각적으로 반응하기 23
장난감 205, 207
전조작적 놀이 208
조화 26, 35
주도성 20, 30, 37, 63, 64, 65, 66, 67, 68, 69, 70
주의집중 29
중심축 발달 행동 19
중심축 행동 19, 20, 27, 30, 37, 198
중심축 행동 마법사 197, 199
중심축 행동 목표 199, 215, 216, 217
중심축 행동 중재 목표 200, 201
중심축 행동 평가 62, 71, 80, 89, 118, 125, 134, 157, 166, 175, 185
중심축 행동 프로파일 42, 197, 201
중재 회기 계획 46
즉각성 25
즐거움 25
지속성 29

질문 없는 의사소통하기 23

ㅊ

촉진 25

ㅌ

탐색 20, 30, 37, 72, 73, 74, 75, 76, 77, 78, 79

ㅍ

플로어 타임 23

ㅎ

하넨 프로그램 23
한 번 하고 아동의 차례 기다리기 23, 28, 40
행동 유형 26
협력 20, 30, 37, 167
확장 215, 217, 218
활기 25
활동참여 24, 29
훈육 153
흥미 26

저자 소개

Gerald Mahoney, Ph.D

Vanderbilt University, George Peabody Volege, 특수교육학 박사
Akron Children's Hospital, Family Child Learning Center, 소장
Center on Interventions for Children and Families, 소장
현 Case Western Reserve University, MSASS 명예교수
Responsive Teaching International 대표

www.responsiveteaching.org

〈주요 저서〉

Mahoney, G. J. (1999). The Family/Child Curriculum: A Relationship- Focused Approach to Parent Education/Early Intervention. Tallmadge, OH: Family Child Learning Center.

Mahoney, G. (2007). Autism and developmental delays in young children: The Responsive Teaching Planning and Tracking Program. (CD-ROM) Austin, TX: PRO-ED.

Mahoney, G., & MacDonald, J. (2007). Autism and developmental delays in young children: The Responsive Teaching curriculum for parents and professionals. Austin, TX: PRO-ED. (Korean Translation (2008). Seoul, South Korea, Hakjisa Publishing)

Mahoney, G. (2008). Maternal Behavior Rating Scale (Revised). Cleveland, Ohio. Case Western Reserve University.

Kim, J. M., & Mahoney, G. (2009). Parent-child interactive behavior assessment: K-MBRS & C-MBRS. Seoul, South Korea, Pakhaksa Publishing.

Mahoney, G., & Perales, F. (2019). Responsive Teaching: Relationship Based Developmental Intervention-Volume 1: Rationale and Intervention Procedures. Indianapolis, IN: Lulu Publishing.

Mahoney, G., & Perales, F. (2019). Responsive Teaching: Relationship Based Developmental Intervention-Volume 2: Session Plans and Intervention Forms. Cumming, GA: Responsive Teaching International.

Mahoney, G., & Perales, F. (2021). Developmental Rainbow: Early Childhood Developmental Profile. Cumming, GA: Responsive Teaching International.

Frida Perales, Ph.D

Case Western Reserve University, MSASS, Social Welfare, 박사
Center on Interventions for Children and Families, 조기중재 컨설턴트 및 전문트레이너
Akron Children's Hospital, Family Child Learnng Center, RT 중재 전문가 및 연구원

편역자 소개

김정미(Kim, Jeong-Mee)
중앙대학교 심리학과 박사 졸업(발달심리학 전공)
미국 Case Western Reserve University, MSASS, Postdoctoral Fellow
백석예술대학교 사회복지학부 영유아보육전공 조교수
(주)한솔교육 상무이사/ 한솔교육연구원 원장
현 (주)한국RT센터 대표, 한국RT협회 회장
한양대학교대학원 아동심리치료학과 겸임교수
한국 국제 RTI 수련 전문가(Gerald Mahoney 협약)

jeongmee@rtinkorea.com
http://www.rtinkorea.com

〈주요 출판물〉
RT 부모교육(학지사, 2022)
부모와 교사를 위한 RT 반응성 교수 교육과정(학지사, 2008, 2021)
놀이중심 반응성 상호작용 교수법: 이해편(학지사, 2021)
놀이중심 반응성 상호작용 교수법: 실제편(학지사, 2021)
K-TABS 영유아 기질 및 비전형 행동 척도(인싸이트, 2013, 2021)
K-MBRS & K-CBRS 부모-아동 상호작용 행동평가(인싸이트, 2013, 2020)
발달레인보우(학지사, 2010)
K-CDI아동발달검사(인싸이트, 2010)
PCT 부모양육특성검사(인싸이트, 2018)
CIBT 아동상호작용검사(인싸이트, 2018)

관계 기반 발달 중재 프로그램

RT 반응성 교수 실행 지침서

Responsive Teaching: Relationship-Based Development Intervention
Volume 1: Rationale and Intervention Procedures

2023년 10월 25일 1판 1쇄 인쇄
2023년 10월 30일 1판 1쇄 발행

지은이 • Gerald Mahoney · Frida Perales
옮긴이 • 김정미
펴낸이 • 김진환
펴낸곳 • (주) 학지사
04031 서울특별시 마포구 양화로 15길 20 마인드월드빌딩
대표전화 • 02)330-5114 팩스 02)324-2345
등록번호 • 제313-2006-000265호

홈페이지 • http://www.hakjisa.co.kr
인스타그램 • https://www.instagram.com/hakjisabook

ISBN 978-89-997-2994-2 93370

정가 20,000원